ふっかつシール

同じ番号の場所にはって、絵をかんせいさせよう。

1 のシール

5 のシール

9 のシール

2 のシール

6 のシール

10 のシール

3 のシール

7 のシール

11 のシール

4 のシール

8 のシール

12 のシール

ふっかつシール

同じ番号の場所にはって、絵をかんせいさせよう。

↑ 13 のシール

↑ 17 のシール

↑ 21 のシール

↑ 14 のシール

↑ 18 のシール

↑ 22 のシール

↑ 15 のシール

↑ 19 のシール

↑ 23 のシール

↑ 16 のシール

↑ 20 のシール

↑ 24 のシール

ふっかつシール

同じ番号の場所にはって、絵をかんせいさせよう。

↑ 25 のシール

↑ 26 のシール

↑ 27 のシール

↑ 28 のシール

↑ 29 のシール

↑ 30 のシール

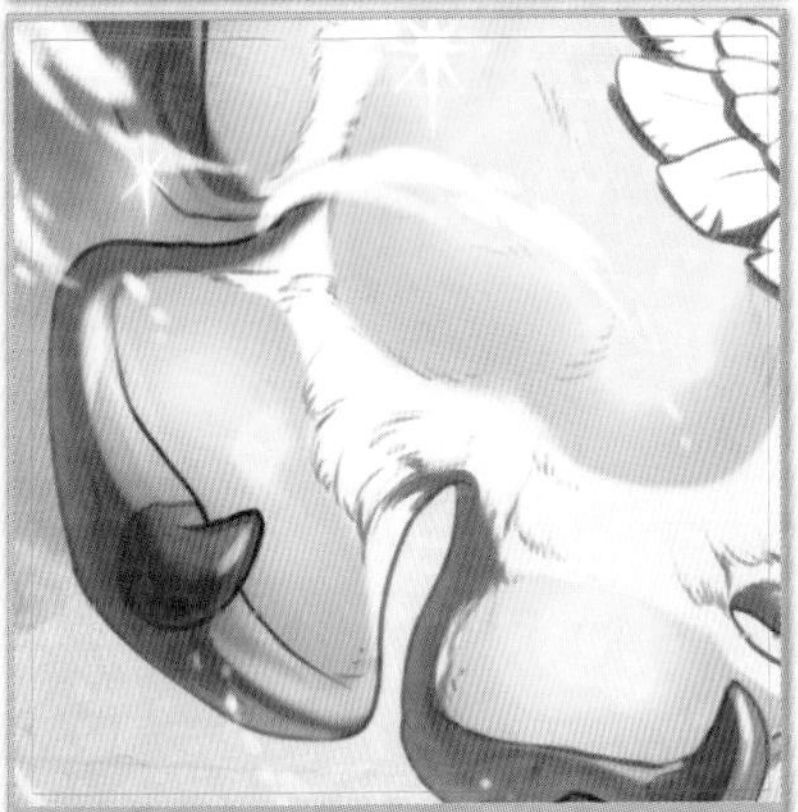

↑ 31 のシール

↑ 32 のシール

↑ 33 のシール

↑ 34 のシール

↑ 35 のシール

↑ 36 のシール

ドラゴンドリル

DRAGON WORKBOOK

小4 文章読解 のまき

大昔、地球には強い力をもった
ドラゴンたちが生きていた。
しかしあるとき、ドラゴンたちは
ばらばらにされ、ふういんされてしまった…。
ドラゴンドリルは、
ドラゴンを ふたたび よみがえらせるための
アイテムである。

ここには、高い山の上にすむ
5ひきの「しょうりゅう族」のドラゴンが
ふういんされているぞ。

ぼくのなかまを
ふっかつさせて！
ドラゴンマスターに
なるのはキミだ！
なかまドラゴン
ドラコ

もくじ

1

かれいに飛び回る幻のようせい

シクシィ

タイプ：かぜ

えに シールを はって、
ドラゴンを ふっかつさせよう！

1	2	3
4	5	6

たいりょく	■■■
こうげき	■■
ぼうぎょ	■■
すばやさ	■■■■■■

ひっさつわざ **神獣のまたたき**

しゅんかん移動を
くり返し、敵のこうげきを
すべてかわす。

ドラゴンずかん

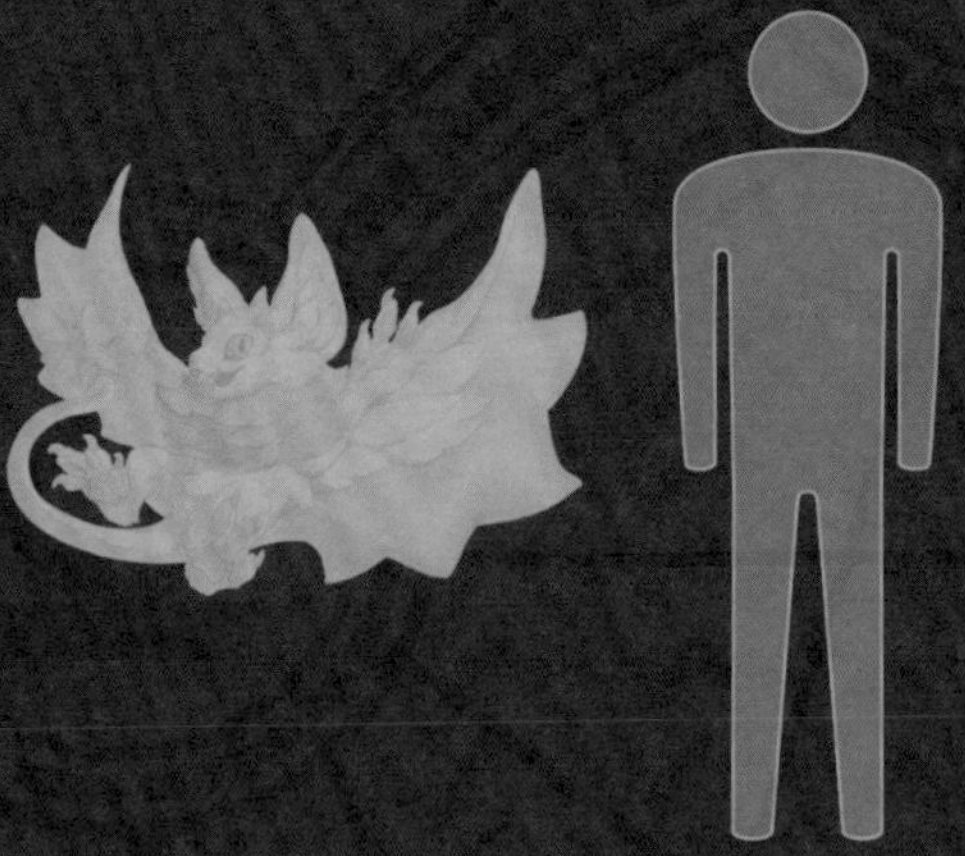

なまえ	シクシィ
タイプ	かぜ
ながさ	1 メートル
おもさ	6 キログラム
すんでいるところ	高原

ピンクのつばさをもち、しっぽの先に赤い宝石《ほうせき》があるドラゴン。空気のきれいな場所にすんでいて、森の中をきままに飛《と》び回《まわ》る。こうげきを察知《さっち》して、かわすのが得意《とくい》。

2

心優《やさ》しきしんぴのドラゴン

ミスディア

えに　シールを　はって、
ドラゴンを　ふっかつさせよう！

タイプ：かぜ

たいりょく

こうげき

ぼうぎょ

すばやさ

ひっさつわざ

うたかたの幻夢《げんむ》

こうげきしてくる敵《てき》を、
現実《げんじつ》とそっくりのまぼろしに
とじこめる。

ドラゴンずかん

なまえ	ミスディア
タイプ	かぜ
ながさ	6 メートル
おもさ	350 キログラム
すんでいるところ	森

大きな緑の角を持つ、シカのようなドラゴン。音を立てずに美しく歩く。歩いたあとには、きらきらと輝《かがや》く光のおびができる。角に秘《ひ》められたエネルギーを使い、さまざまなふしぎな能力《のうりょく》を発動する。

レベル 3

ゆうがにまう白いつばさ

ハクシアン

タイプ：かぜ・みず

えに シールを はって、
ドラゴンを ふっかつさせよう！

たいりょく

こうげき

ぼうぎょ

すばやさ

ひっさつわざ

刹那《せつな》の爪《つめ》あと

弱らせた敵《てき》の急所をじっとねらい、一しゅんでツメを突《つ》き立《た》ててとどめをさす。

ドラゴンずかん

なまえ	ハクシアン
タイプ	かぜ・みず
ながさ	12 メートル
おもさ	12 トン
すんでいるところ	雪山

ヒョウのような美しい体と、大きな白いつばさを持つドラゴン。雪山では、白い体がほご色の役わりを果《は》たして、えものから見つかりにくい。雪のつもらない低《ひく》い場所にはおりてこない。

4

雪山をかけ回る羽毛ドラゴン

グラスニクス

えに シールを はって、
ドラゴンを ふっかつさせよう！

タイプ：じめん・みず

たいりょく

こうげき

ぼうぎょ

すばやさ

ひっさつわざ

グラステイル

敵《てき》とすれちがうしゅん間にしっぽをぶつけて、するどい羽毛で敵をずたずたに切りさく。

ドラゴンずかん

なまえ	グラスニクス
タイプ	じめん・みず
ながさ	15 メートル
おもさ	20 トン
すんでいるところ	雪山

長いしっぽを持ち、全身に羽毛が生えているドラゴン。お腹《なか》側《がわ》の羽毛はむらさき色でやわらかいが、背《せ》中《なか》やしっぽのとがった毛はガラスのようにかたく、こうげきにも使える。

5

天空に住まう 太陽の女王

メイコウヒ

タイプ：かぜ

えに シールを はって、
ドラゴンを ふっかつさせよう！

たいりょく

こうげき

ぼうぎょ

すばやさ

ひっさつわざ

かがやきのうた

全身を光らせながら美しい声で鳴き、聞いたものの戦意《せんい》を失《うしな》わせる。

ドラゴンずかん

なまえ	メイコウヒ
タイプ	かぜ
ながさ	30メートル
おもさ	30トン
すんでいるところ	雲の上

太陽のエネルギーを受けて生きる、しょうりゅう族の女王。雲の上にすんでおり、その姿《すがた》を見た者はほとんどいない。姿を現《あらわ》したときには、世界中に希望《きぼう》と幸福をわけあたえると言われている。

1 高速でかりをするチーター

月　日

答え 89 ページ

アフリカやアジア南西部のサバンナ*にすんでいるねこの仲間《なかま》のチーターは、最《もっと》も高速でえものをとれる陸上《りくじょう》動物だといわれています。

最高《さいこう》時速は百十二キロメートルにもなりますが、この速度で走れるのは、四百メートルくらいです。

チーターは、なぜこんなにも速く走ることができるのでしょうか。

チーターのあしのつめは、他のねこの仲間《なかま》とちがい、いつも出たままです。このつめがスパイクのような働《はたら》きをして、地面を強く、しっかりと、けることができるのです。

えものに近づいたチーターは、一気に加速《かそく》して、かりをするのです。

*サバンナ…アフリカなどの雨の少ない地いきにある草原。

1 チーターは、何の仲間《なかま》ですか。

・（　　　　）の仲間《なかま》。

2 チーターが最高《さいこう》時速で走れるのは、どのくらいのきょりですか。

（　　　　）

3 問いかけの文をさがして、初《はじ》めの五字を書きましょう。

4 チーターの高速のひみつは、体のどの部分にあるのですか。五字で書きましょう。

5

□に当てはまる漢字を書きましょう。

① 同じチームの□□《なかま》。

② 林さんは、走るのがクラスで□《もっと》も速い。

③ □□《りくじょう》競《きょう》技《ぎ》場《じょう》でリレーの練習をする。

6

次の言葉を、〈例《れい》〉のように「…できる」という意味を表す言葉にしましょう。

〈例《れい》〉飛《と》ぶ→（飛《と》べる）

① 走る→（　　）

② とる→（　　）

ドラゴンのひみつ

シクシィのしっぽの先にある赤い宝石《ほうせき》は、成長《せいちょう》とともに少しずつ大きくなる。

答え合わせをしたら①のシールをはろう！

2 てきをかこんでたいじする ニホンミツバチ

月　日

答え 89ページ

［1］ミツバチの武器《ぶき》といえば、「はり」です。働《はたら》きバチがはりをさすことで、「どく」を、てきに注入するのです。ただし、はりを使うのは、てきと一対一で戦《たたか》うときです。

［2］いっぽう、はりとはちがう方法《ほうほう》で、たくさんの働《はたら》きバチが協力《きょうりょく》して巣《す》を守るミツバチがいます。日本の各地《かくち》で見られるニホンミツバチです。

［3］天*てきのオオスズメバチが来たときにニホンミツバチが使うのが、「ほう球《きゅう》」という方法《ほうほう》です。これは、たくさんの働《はたら》きバチがてきをかこんで包《つつ》み、むねのきん肉をふるわせて高熱《こうねつ》を出すものです。この高熱《こうねつ》で天てきをむしころしてしまうのです。

＊天てき…ある動物にとって、いちばんのてき。

1 **［1］段落《だんらく》で、ミツバチの武器《ぶき》として挙《あ》げているものを、二字で書きましょう。**

［　　］

2 **「ほう球《きゅう》」とはどんな方法《ほうほう》ですか。（　）に合う言葉を書きましょう。**

・多くの働《はたら》きバチが天てきをかこんで包《つつ》み、（　　）のきん肉をふるわせて出す（　　）で、天てきをむしころす方法《ほうほう》。

3 **この文章を二つに分けたときの後半は、どの段落《だんらく》からですか。番号で答えましょう。**

［　　］段落《だんらく》

4

□に当てはまる漢字を書きましょう。

① みんなで□□《きょうりょく》する。

② □《す》から、働《はたら》きバチが飛《と》び出《だ》す。

③ いろいろな□□《ほうほう》をためしてみる。

5

次の言葉と反対の意味の言葉を、□からそれぞれ一つずつ選《えら》んで、書きましょう。

① せめる ↔ （　　　）

止める　守る　ためる

② 味方 ↔ （　　　）

仲間《なかま》　友達《ともだち》　てき

ドラゴンのひみつ
シクシィは大きな耳を持っており、遠くの小さな物音も聞き取ることができる。

答え合わせをしたら②のシールをはろう！

3 くらやみのハンター　フクロウ

月　日

答え　89ページ

フクロウは、主に夜、ネズミなどをとります。なぜ、暗い夜にえものをつかまえることができるのでしょうか。

フクロウは、夜でもよく見える目とよく聞こえる耳でえものをさがします。特《とく》に耳は、左右で位置《いち》や大きさにちがいがあるので、聞こえた音の強さなどから、えものが出した音の位置《いち》を正しく知ることができるのです。また、丸く平らな顔には音を集める働《はたら》きがあるので、小さな音も聞きもらしません。

えものに近づくと、するどいつめやくちばしで、つかまえます。つばさの羽毛《うもう》がやわらかく、羽音があまりしないつくりになっているので、えものに気づかれずに静《しず》かに近づけるのです。

1 問いかけの文をさがして、初《はじ》めの二字を書きましょう。

□□

2 フクロウは、耳の仕組みによって、何を正しく知ることができるのですか。

（　　　　）

3 フクロウが、えものに気づかれずに近づけるのは、なぜですか。（　）に合う言葉を書きましょう。

・つばさの羽毛《うもう》が、（　　　　）て（　　　　）があまりしないから。

4

□に当てはまる漢字を書きましょう。

① つくえの□□《いち》をかえる。

② ケーキの中でも、□《とく》にチーズケーキが好《す》きだ。

③ 図書室で□《しず》かに本を読む。

5

次の言葉を、〈例《れい》〉のような形の言葉にしましょう。

〈例《れい》〉やわらかい→（やわらかさ）

① 大きい→（　　）

② 強い→（　　）

ドラゴンのひみつ

シクシィは、山のふもとでもときどき姿《すがた》を見ることができる。

答え合わせをしたら③のシールをはろう！

4 世界一大きなオサガメ

月　日

答え 89ページ

オサガメは、一億《おく》年以上《いじょう》前から地球に生息している、世界一大きなカメです。こうらの長さは一・五メートル以《い》上《じょう》、体重は三百キログラム以上《いじょう》に成長《せいちょう》します。こうらは、他のカメのようにかたくなく、黒くなめらかで、やわらかい手ざわりです。

世界中の海を泳ぐオサガメの大きな体は、熱《ねつ》がにげにくく、血液《けつえき》の流れで体温を調節《ちょうせつ》できるので、冷《つめ》たい海でも泳げます。またこうらがゴムのようにやわらかいので、深海にも、もぐれます。

オサガメは、海のプラスチックごみを好物《こうぶつ》のクラゲとまちがえて食べて死んだりたまごを*みつ漁《りょう》されたりすることが多く、*ぜつめつの心配があります。

*みつ漁《りょう》…法《ほう》を守らずにかくれて生き物をとること。
*ぜつめつ…ほろびて、すっかりなくなること。

1 オサガメのこうらの説明《せつめい》に合うもの一つに、○をつけましょう。

ア 白くごつごつしてかたい。
イ 黒くなめらかでやわらかい。
ウ 青くべたべたしてあつい。

2 オサガメが冷《つめ》たい海でも泳げるのは、なぜですか。（　）に合う言葉を書きましょう。

・体の（　　）がにげにくく、血液《けつえき》の流れで（　　）を調《ちょう》節《せつ》できるから。

3 オサガメは、海のプラスチックごみを何とまちがえて食べてしまうのですか。

（　　）

4

□に当てはまる漢字を書きましょう。

① 約《やく》一□《おく》年前の化石。

② 子犬が、すくすく□□《せいちょう》する。

③ エアコンの温度を□□《ちょうせつ》する。

5

次の——の言葉が表す数に合わないものを一つずつ選《えら》んで、記号で答えましょう。

① 五人以上《いじょう》のグループを作る。

ア 三人　イ 五人　ウ 六人　エ 十人

□

② 体重が百キログラム以下《いか》の、おすもうさん。

ア 百キログラム　イ 百十キログラム

ウ 九十八キログラム　エ 九十キログラム

□

ドラゴンのひみつ

シクシィはすばやく木の間を飛《と》び回《まわ》るので、いっしゅんしか姿《すがた》を現《あらわ》さない。

答え合わせをしたら④のシールをはろう！

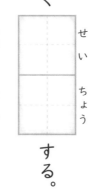

5 したでえものをおびきよせるワニガメ

月　日

答え 89ページ

ワニガメは、大きな川や湖にすむ、大型《おおがた》のカメです。ほとんど水中で生活しますが、メスは、たまごを産《う》むときだけ、陸《りく》に上がります。

ワニガメは、魚類《ぎょるい》・貝類《かいるい》などのえものを、待ちぶせしてつかまえます。その方法《ほうほう》は少し変《か》わっています。

水の底《そこ》で大きな口を開け、ミミズにそっくりな赤くて細長いしたを動かし、魚をおびきよせます。魚がミミズとまちがえてしたをつつきにきたしゅんかん、口をとじてとらえるのです。

かぎのように曲がったくちばしの先はするどくて、かむ力も強く、かまれると大けがをします。近よるときけんなので＊特定動物《とくていどうぶつ》に指定されています。

＊特定動物《とくていどうぶつ》…人の命や体に害《がい》をあたえるおそれのある動物。

1 ワニガメのえものを答えましょう。

（　　　　）

2 ワニガメは、何を使ってえものをおびきよせるのですか。（　）に合う言葉を書きましょう。

・（　　　　）にそっくりな、（　　　　）。

3 何が「きけん」なのですか。

・くちばしの先がするどく、かむ力も（　　　　）、かまれると（　　　　）をする点。

4

□に当てはまる漢字を書きましょう。

① 飛行機《ひこうき》が□□《ちゃくりく》する。

② 兄は肉□□《るい》なら、何でも好《す》きだ。

③ ワニガメがえものをつかまえる□□《ほうほう》。

5

次の——の言葉とにた意味の言葉を、□から一つ選《えら》んで、書きましょう。

・クラスの大部分の人は、もう帰ってしまった。

少し	ほとんど	たまに

（　　　　）

ドラゴンのひみつ

シクシィは、こうげきをしゅん間移動《いどう》でかわす能力《のうりょく》を持っている。

答え合わせをしたら⑤のシールをはろう！

6 きびしいかんきょうにすむドラゴン

月　日

答え　90ページ

ドラゴンの中には、とてもきびしいかんきょうでくらしている種族《しゅぞく》もいます。どんな種族《しゅぞく》が、どんな所にすんでいるのでしょうか。

「しんりゅう族」は、太陽の光がとどかないほど、とても深い海の底《そこ》でくらしています。

「こうりゅう族」は、ほとんど水がなく、からからにかんそうしたさばくでくらしています。

「しょうりゅう族」は、一年中雪が積《つ》もっている、高い山の上でくらしています。

人間が、きびしいかんきょうにすむこれらの種族《しゅぞく》のドラゴンたちに出会うことは、めったにありません。

1 **「どんな種族《しゅぞく》が、どんな所にすんでいる」か、次の□に合う言葉を書きましょう。**

㋐ しんりゅう族がすむ所
…□

㋑ こうりゅう族がすむ所…□

㋒ しょうりゅう族がすむ所
…一年中雪が積《つ》もっている□

2 **「これらの種族《しゅぞく》」に合う種族《しゅぞく》を、全て書きましょう。**

【　　】

3

□に当てはまる漢字を書きましょう。

① ドラゴンの三つの□□《しゅぞく》について調べる。

② 深い海の□《そこ》にくらす生き物。

③ □《つ》もった雪で、雪だるまを作る。

4

次の文を、「おばあちゃんがおこるのはめずらしい」という意味にするとき、□に合う言葉は、どれとどれですか。□から二つ選《えら》んで、書きましょう。

・おばあちゃんがおこることは、□ない。

（　　　）（　　　）

めったに　少し
ほとんど　わずかに

ドラゴンのひみつ シクシィは周《まわ》りのかん境《きょう》にびん感《かん》で、他の生物に出会うとすばやく姿《すがた》をかくす。

答え合わせをしたら⑥のシールをはろう！

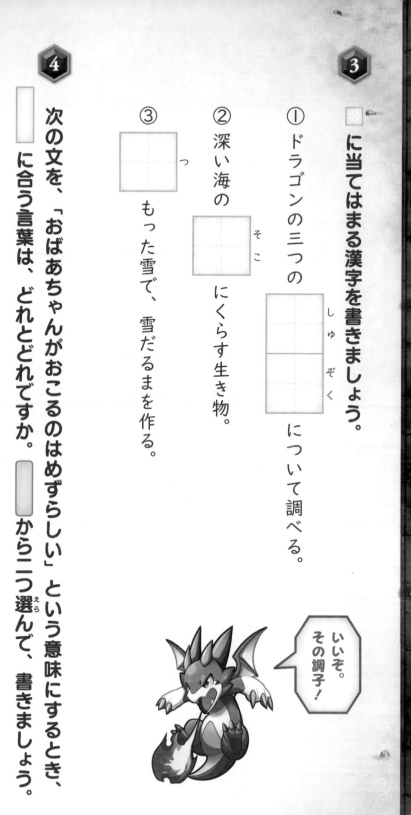

7 太陽のすがた

月　日

答え 90ページ

太陽は、電気を帯《お》びた高温のガスの球《きゅう》で、直径《ちょっけい》は地球の百倍以上《いじょう》もの大きさです。

太陽は、つねにはげしく活動しており、中心の温度は、約《やく》千五百万度にもなります。その大きなエネルギーが地球にとどき、わたしたちが感じる光と熱《ねつ》になっているのです。

地球から見える太陽の表面の温度は約《やく》五千五百度ですが、黒点《こくてん》とよばれる暗く見える部分は温度が低《ひく》く、四千度ほどです。黒点《こくてん》は周《まわ》りより温度が低《ひく》いため暗く見えるのです。これに対し、太陽のいちばん外側《そとがわ》をかこむコロナというガスの部分はとても温度が高く、最高《さいこう》で約《やく》二百万度にもなります。

1 太陽は、どんなガスの球《きゅう》ですか。

・（　　　　　）ガスの球。

2 黒点《こくてん》が暗く見えるのはなぜですか。（　）に合う言葉を書きましょう。

・周《まわ》りより温度が（　　　　　）から。

3 太陽の各《かく》部分について、次の（　）に合う温度を書きましょう。

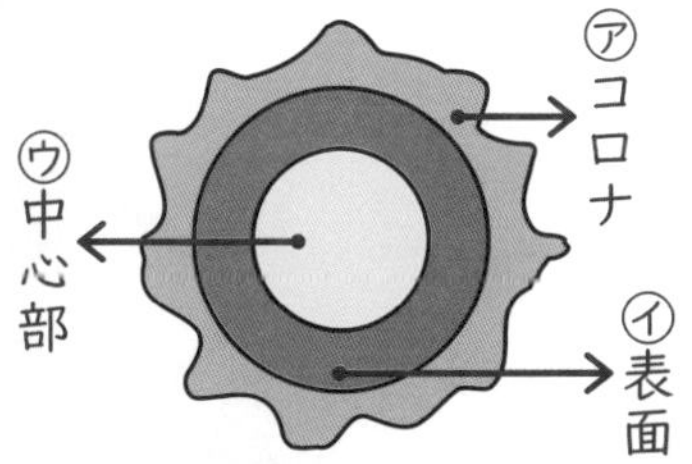

㋐ 約《やく》（　　　　　）度

㋑ 約《やく》（　　　　　）度

㋒ 約《やく》（　　　　　）度

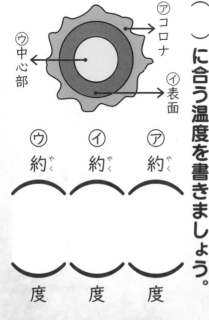

4

□に当てはまる漢字を書きましょう。

① □□《ちょっけい》十センチメートルの円。

② 箱の□□《そとがわ》に色をぬる。

③ かぜをひいて、□《ねつ》が出る。

5

次の言葉と反対の意味の言葉を、□からそれぞれ一つずつ選《えら》んで、書きましょう。

① 高い ↔ （　　　）

② 明るい ↔ （　　　）

低《ひく》い　冷《つめ》たい
あつい　暗い

ドラゴンのひみつ　ミスディアは湖《みずうみ》の水面を歩くことができる。

答え合わせをしたら⑦のシールをはろう!

8 光のカーテン　オーロラ

月　日

答え 90ページ

オーロラは、南極《なんきょく》や北極周辺《ほっきょくしゅうへん》の夜空にあらわれ、色とりどりの光がカーテンのようにゆれて見える、とても美しいものです。これは、太陽から出ている*太陽風《たいようふう》によって起きます。

太陽風が、南極《なんきょく》や北極周辺《ほっきょくしゅうへん》の上空の*大気《たいき》中にある、とても細かいつぶとぶつかると、発光します。これがオーロラです。

オーロラの色は、見える高度によってちがいます。高度が三百キロメートルくらいでは赤く、百〜二百キロメートルでは緑、百キロメートル付近《ふきん》ではピンクやむらさき色に見えます。形も、カーテン型《がた》の他、アーチ型《がた》、不定型《ふていけい》など、いろいろに変化《へんか》します。

*太陽風…太陽から放出される、電気を帯《お》びたガス。
*大気…地球を取りかこんでいる空気。

1 オーロラが起きる仕組みをくわしく説明《せつめい》しているのは、どの段落《だんらく》ですか。漢数字で答えましょう。

第□段落《だんらく》

2 大気中の細かいつぶに何がぶつかると、オーロラの光が生まれるのですか。

（　　　　）

3 オーロラの高度と色について、㋐〜㋒に合う言葉を書きましょう。

〈高度〉	〈色〉
㋐	赤
百〜二百キロメートル	㋑
百キロメートル付近《ふきん》	㋒

4 □に当てはまる漢字を書きましょう。

① 山のちょう上□□《ふきん》に雲がかかる。

② □□《なんきょく》大陸《たいりく》にある昭和基地《しょうわきち》。

③ オーロラの形が□□《へんか》する。

5 次の——の言葉が表している意味を、□からそれぞれ一つずつ選《えら》んで、記号で答えましょう。

① 色の好《この》みは、人によってちがう。 □

② 台風によって大雨になる。 □

ア ……の方法《ほうほう》で
イ それぞれに
ウ まとめて
エ ……が原因《げんいん》となって

ドラゴンのひみつ ミスディアのツノの先にある宝石《ほうせき》には、神《しん》秘《ぴ》のエネルギーが秘《ひ》められている。

答え合わせをしたら⑧のシールをはろう！

9 月の世界

月　日

答え 90ページ

月は、望遠鏡《ぼうえんきょう》で見られる身近な天体です。どんなところなのでしょう。

月の大きさは、地球の約《やく》四分の一、重力は六分の一です。例《たと》えば、三十キログラムの体重の人は、月では五キログラムの体重のように感じられ、かんたんに高く飛《と》び上《あ》がれます。

＊重力…地球や月などが物を引きつける力。

月には空気がなく、昼は約《やく》百二十度、夜はマイナス百七十度と温度差《おんどさ》がとても大きくなります。また、音が伝《つた》わらないので、静《しず》かな世界です。

月の表面には、クレーターというでこぼこがあります。約《やく》四十億《おく》年前に大《たい》量《りょう》のいん石《せき》がしょうとつしたときのばく発によって、でこぼこができたのです。

1 「重力は六分の一です」について具体的《ぐたいてき》に説明《せつめい》している文の、初《はじ》めの三字を書きましょう。

2 空気がないため、月にはどんな特《とく》ちょうがありますか。□に合う言葉を書きましょう。

・昼と夜の□が大きい。

・□が伝《つた》わらない。

3 クレーターは、何が原因《げんいん》でできたのですか。

・約《やく》四十億《おく》年前の、（　　）のしょうとつによるばく発。

4 □に当てはまる漢字を書きましょう。

① 店内に□□《たいりょう》の商品がならぶ。

② 昼と夜の温度□《さ》が大きい。

③ 天体□□□《ぼうえんきょう》で月を観測《かんそく》する。

5 次の文の（　）に合う言葉を、□からそれぞれ一つずつ選《えら》んで、書きましょう。

① 母は、あまいもの、（　　　　）、プリンなどが好《す》きだ。

② 兄は、けんどう部員だ。（　　　　）、生徒会《せいとかい》の活動もしている。

また　例《たと》えば　あるいは

ドラゴンのひみつ　ミスディアは、敵《てき》にまぼろしを見せる能力《のうりょく》を持つ。

答え合わせをしたら⑨のシールをはろう！

10 生物を守る地球

月　日

答え 90ページ

地球上の生物にとって、太陽からの*太陽風《たいようふう》やし外線《がいせん》などは、有害《ゆうがい》です。これらから生物を守る役わりを果《は》たすものが、地球には二つあります。

一つは、じ場《ば》です。地球は、北極《ほっきょく》近くにS極《きょく》、南極《なんきょく》近くにN極《きょく》をもつ大きなじ石《しゃく》で、そのじ石《しゃく》の力が働《はたら》くはんいがじ場《ば》です。太陽風は、地球のじ場《ば》にぶつかると方向を曲げられてしまい、直接《ちょくせつ》地表に達《たっ》することはありません。

もう一つは、*大気《たいき》です。大気中の*オゾンそうは、し外線《がいせん》の中でも特《とく》に有害《ゆうがい》なものを取りこみ、それが地表にとどかないようにしています。

*太陽風…太陽から放出される、電気を帯《お》びたガス。
*大気…地球を取りかこんでいる空気。
*オゾンそう…地表から十〜五十キロメートル辺《あた》りまでの、オゾンという気体が多くふくまれるところ。

1 **「これら」は何を指しますか。( )に合う言葉を書きましょう。**

(　　　　)やし外線《がいせん》など。

2 **「二つ」とは、何と何ですか。それぞれ二字で書きましょう。**

□□ と □□

3 **太陽風はなぜ、じ場《ば》にぶつかると直接《ちょくせつ》地表にとどかないのですか。**

(　　　　)から。

4 **「それ」が指しているものを一つ選《えら》んで、○をつけましょう。**

ア オゾンそう
イ し外線《がいせん》の中の特《とく》に有害《ゆうがい》なもの
ウ 大気

5

□に当てはまる漢字を書きましょう。

① 体に□□《ゆうがい》な物質《ぶっしつ》について調べる。

② 司会者《しかいしゃ》としてのつとめを□《は》たす。

③ 登山でちょう上に□《たっ》する。

6

次の意味を表す漢字二字の言葉を答えましょう。

〈例《れい》〉生きているもの。→ 生物

① 目指す方の向き。→ □□

② 地球の表面。→ □□

ドラゴンのひみつ

ミスディアがまぼろしを見せるときには、ツノの先にある宝石《ほうせき》が明るく光る。

答え合わせをしたら⑩のシールをはろう！

11

天の川と銀河《ぎんが》

月　日

答え 91 ページ

月が出ていない夏の晴れた夜、南から北の空に光の帯《おび》のように見えるのが、天の川です。けれども見えているのは一部で、実は天の川は地球を取りかこんでいるのです。

天の川は、*太陽けいをふくむ「銀河《ぎんが》けい」という無数《むすう》の星の集まりを内側《うちがわ》から見たすがたなのです。

*太陽けい…地球や火星など、太陽を中心として動いている天体の集まり。

銀河《ぎんが》けいは、少しふくらんだ中心部と、うずをまいた「うで」とよばれる部分から成《な》る円ばんの形をしています。多くの星が集中している中心部のほうが、「うで」よりも明るく見えます。

銀河《ぎんが》けいのような星の集まりを「銀《ぎん》河《が》」といい、うちゅうには二兆《ちょう》個《こ》くらいあると考えられています。

1 わたしたちが見ている天の川の正体について、□に合う言葉を書きましょう。

・銀河《ぎんが》けいを［　　］から見たすがた。

2 銀河《ぎんが》けいの中心部が明るく見えるのは、なぜですか。

・（　　　　）から。

3 うちゅうには、どのくらいの数の銀河《ぎんが》があるといわれていますか。

（　　　　）個《こ》くらい

4

□に当てはまる漢字を書きましょう。

① へいの□□《うちがわ》から外へのびる草。

② 美しい着物に合った□《おび》をしめる。

③ 漢字の□《な》り立ちを調べる。

5

次の文で、——の様子であるのは、アとイのどちらですか。記号で答えましょう。

① ア書店とイくつ店では、くつ店のほうが駅に近い。　□

② ア市民《しみん》プールのほうが、イ学校のプールより大きい。　□

ドラゴンのひみつ
ミスディアは長生きしている個体《こたい》ほど、大きなツノを持つ。

答え合わせをしたら⑪のシールをはろう！

12 シクシィとぼうけん家《か》

月　日

答え 91ページ

大昔、一人のぼうけん家《か》が高い山を登っていると、急にふぶきになってしまいました。ぼうけん家はきけんを感じて山を下りようとしましたが、道にまよってしまいました。

　すると、ぼうけん家の前に、小さな赤いドラゴンがあらわれました。そのドラゴンは、ぼうけん家の前を飛《と》んでいき、すっと消えました。あらわれては消えるドラゴンについていくと、山のふもとに続《つづ》く道に出られました。

「あのドラゴンがぼくをここまで連《つ》れて来てくれたんだな。」

　ぼうけん家は、ほっとした顔でつぶやきました。

シクシィ

1 ぼうけん家が「きけん」を感じたのは、なぜですか。□に合う言葉を書きましょう。

・急に［　　］になってしまったから。

2 「そのドラゴン」とは、何を指していますか。

・ぼうけん家の前にあらわれた（　　）。

3 ぼうけん家は、ふもとに続《つづ》く道に出られたのはなぜだと考えましたか。□に合う言葉を書きましょう。

・［　　］が連《つ》れて来てくれたから。

4

□に当てはまる漢字を書きましょう。

① ドラゴンが空を□《と》ぶ。

② 駅へと□《つづ》く道を進む。

③ 午後から、弟を□《つ》れて公園へ行く予定だ。

5

次の①・②の文を、意味を変《か》えずに一つの文にします。○に合う文字を、□からそれぞれ一つずつ選《えら》んで、書きましょう。

① ねむかった。だが、宿題はすませた。

↓ねむかった○、宿題はすませた。

② 箱を開けてみる。すると、中には新しいくつが入っていた。

↓箱を開けてみる○、中には新しいくつが入っていた。

と　な　で　が

ドラゴンのひみつ　ミスディアは、かれた植物を生き返らせることができる。

答え合わせをしたら⑫のシールをはろう！

パズル① アイテムをさがせ！

月　日

答え 96ページ

1 反対の意味を表す言葉を選《えら》んで、――線でつなぎましょう。

小さい	重い	熱《あつ》い	多い

冷《つめ》たい	少ない	大きい	軽い

ミスディア

2

次の三つのじょうけん全てに合うものを選《えら》んで、〇をぬりつぶしましょう。選《えら》んだアイテムを手に入れられます。

《じょうけん》

①アイテムは全部で十個《こ》以内《いない》、三種類《しゅるい》以上《いじょう》。

②りんごは五個《こ》以下《いか》。

③たまごは三個《こ》以上《いじょう》。

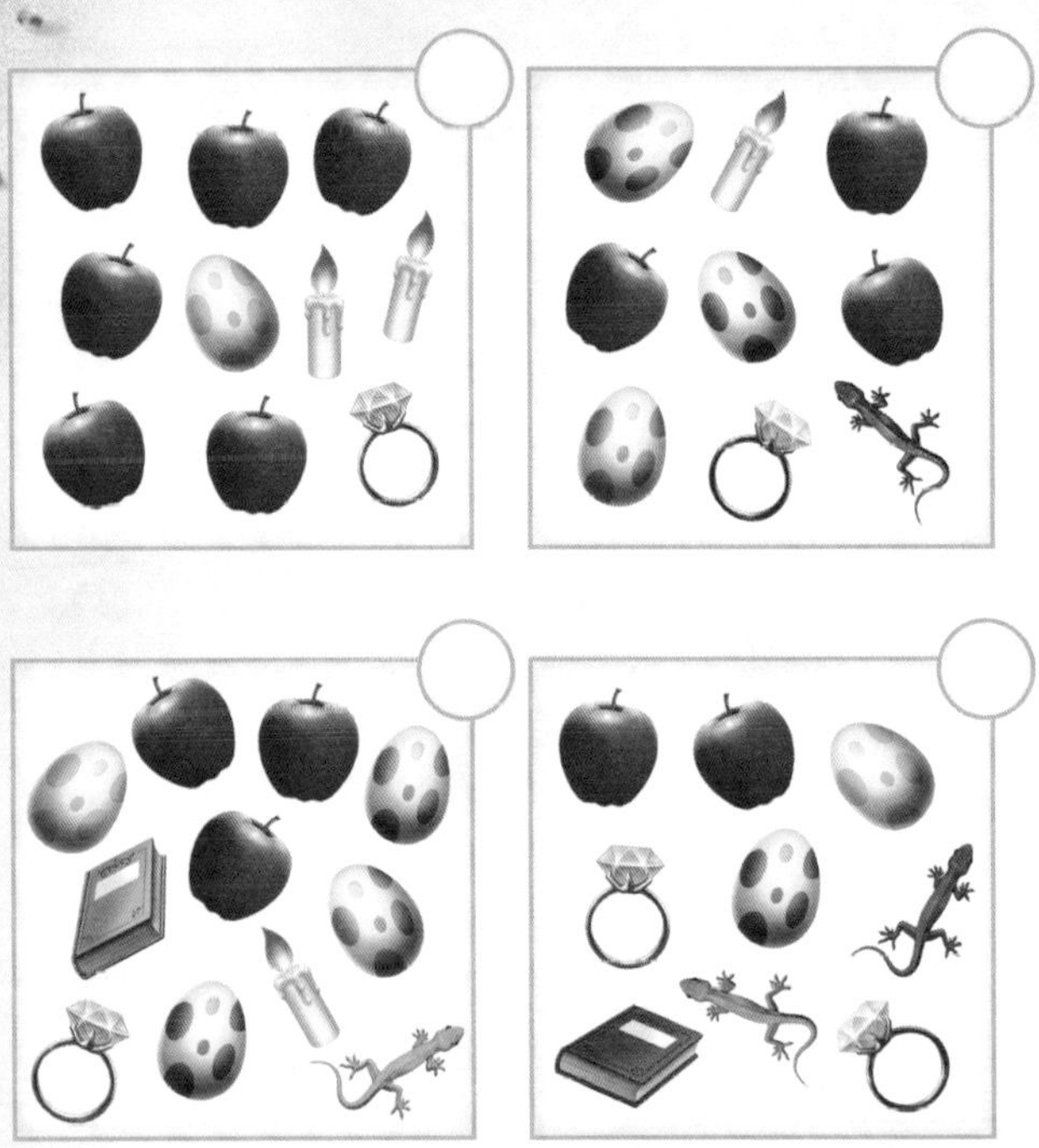

ハクシアン

13 ブダイのねぶくろ

月　日

答え 91 ページ

ブダイは、日本の南の海でよく見られる魚です。岩場の多い海岸にすみ、じょうぶな歯でサンゴなどをかみくだき、その体に付《つ》いている海そうを食べています。

ブダイの仲間《なかま》は、夜ねむるとき、口やえらから、ねばねばしたとう明なえきを出し、それで体全体を包《つつ》んでねます。ゼリーのようなとう明なえきで包《つつ》まれたそのすがたは、まるでねぶくろに入ってねているかのように見えます。

ブダイのねぶくろは＊寄生虫《きせいちゅう》をふせいだり、自分のにおいが外にもれないようにして、てきから身を守ったりする働《はたら》きをしているのではないかと考えられています。

＊寄生虫《きせいちゅう》…他の生物の体内にすみ、その生物を利用《りよう》して生きている動物。

1 ブダイの「ねぶくろ」とは、どのようなものですか。（　）に合う言葉を書きましょう。

・ブダイが口やえらから出した、（　　　）したとう明なえきでできている、（　　　）を包《つつ》むもの。

2 ブダイの「ねぶくろ」の働《はたら》きを書きましょう。

・寄生虫《きせいちゅう》をふせぐ。

・（　　　）から身を守る。

3

□に当てはまる漢字を書きましょう。

① 服によごれが□《つ》く。

② おにぎりを、ラップで□《つつ》む。

③ 父は市役所で□《はたら》いている。

4

次の（　）に合う言葉を、▭から一つ選《えら》んで書きましょう。

・妹が、生まれたばかりの親せきの赤ちゃんを、（　　　　）お母さんのように、やさしくだっこしている。

たとえ	まるで	きっと	あまり

ドラゴンのひみつ

ハクシアンは一年中雪の積《つ》もる山にすんでいる。

答え合わせをしたら⑬のシールをはろう！

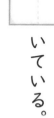

14

マダコの変《へん》そう

月　日

答え 91 ページ

タコが、身のきけんを感じるとすみをはいてにげることはよく知られていますが、タコは、すみの他にも、次のような方法《ほうほう》で自分の身を守っています。

マダコは、あっという間に、体の色を周《まわ》りの色に合わせて変化《へんか》させます。

マダコの皮ふの下には、「色素《しきそ》ほう」という、さまざまな色の＊細《さい》ぼうがあります。これを大きくしたり小さくしたりすることで、体の色を変《か》えるのです。

マダコは、皮ふの形も、かんたんに変《か》えます。でこぼこにしたりすべすべにしたりして、ごつごつした岩やすな地と、区別《くべつ》がつきにくくするのです。

どちらの方法《ほうほう》も、てきの目をごまかすのに役立っています。

＊細《さい》ぼう…生物の体を作っているとても小さいもの。

1 マダコは、どのようにして体の色を変化《へんか》させるのですか。（　）に合う言葉を書きましょう。

・（　　　）の下にあるさまざまな（　　　）の細《さい》ぼうを、大きくしたり小さくしたりする。

2 マダコは、岩の形ににせるために、皮ふの形をどのようにしますか。

・（　　　）な形にする。

3 マダコの体の変化《へんか》は、どんなことに役立っているのですか。

（　　　）

4 □に当てはまる漢字を書きましょう。

① 学校の□《まわ》りを走る。

② マダコが体の色を□《か》える。

③ 各《かく》学年を、ぼうしの色で□□《くべつ》する。

5 次の（　）に合う言葉を、□からそれぞれ一つずつ選《えら》んで、書きましょう。

① （　　　）した道を自転車で走ると、自転車ごと体も上下する。

② クリームをぬった後のはだは、（　　　）している。

ざらざら　でこぼこ　すべすべ　どたばた

ドラゴンのひみつ
ハクシアンは、おなかに雪のように真っ白な体毛を持つ。

答え合わせをしたら⑭のシールをはろう！

15 コオリウオの血液《けつえき》のひみつ

月　日

答え 91ページ

南極《なんきょく》は、一年中冷《つめ》たい氷でおおわれた、寒さのきびしい地いきです。

コオリウオは、その周辺《しゅうへん》の海にすむ魚で、オキアミや、他の魚などを食べています。

ふつうの魚は、海水温がマイナス〇・八度以下《いか》になると血液《けつえき》がこおってしまいます。ところがコオリウオは、海水温が約《やく》マイナス二度でも、血液《けつえき》がこおることはありません。

これは、コオリウオの血液《けつえき》の中に、「不《ふ》とうタンパクしつ」という、血液《けつえき》をこおらせない働《はたら》きをするものがふくまれているからなのです。だからこそ、・・・コオリの海でもくらしていけるというわけです。

1 コオリウオは、どこの海にすむ魚ですか。二字で書きましょう。

・□□周辺《しゅうへん》の海。

2 「これ」は、何を指していますか。（　）に合う言葉を書きましょう。

・コオリウオの血液《けつえき》は、海水温が約《やく》（　　　）度でもこおらないこと。

3 「不《ふ》とうタンパクしつ」とは、どんな働《はたら》きをするものですか。

・血液《けつえき》を（　　　）働《はたら》きをするもの。

4

□に当てはまる漢字を書きましょう。

① 駅の□□《しゅうへん》に次々と新しいビルが建《た》つ。

② □《つめ》たい水を飲む。

③ 兄の身長は、□《やく》百八十センチメートルだそうだ。

5

次の文に合うほうの言葉を選《えら》んで、（　）に○をつけましょう。

① 雪が庭を｛（　）おおう。（　）おおわれる。｝

② 庭が雪で｛（　）おおう。（　）おおわれる。｝

ドラゴンのひみつ

ハクシアンのするどいツメは宝石《ほうせき》でできていて、えものを切りさく。

答え合わせをしたら⑮のシールをはろう！

16 ユーカリの毒《どく》に負けないコアラ

月　日

答え 91 ページ

ユーカリは、オーストラリアなどに生えている木で、コアラは、この木の葉、特《とく》に新芽《しんめ》を好《この》んで食べます。

ユーカリは、葉に、有毒《ゆうどく》*な「青酸《せいさん》」というものをふくんでいるので、ふつうの動物は、この葉を食べることはありません。

では、コアラはなぜ、ユーカリの葉を平気で食べられるのでしょうか。

コアラのちょう*の中には、毒《どく》を消す働《はたら》きをする細《さい》きん*がたくさんいるからです。でも、赤ちゃんのコアラには、まだこの細きんがいないので、この細きんをふくんでいるお母さんのふん*を食べることによって、自分の体の中に入れるのです。

*有毒《ゆうどく》…毒《どく》があること。
*ちょう…消化器官《きかん》の一つ。食べ物の栄養《えいよう》を体に取り入れる働《はたら》きをする。
*細《さい》きん…目に見えない小さな生き物。
*ふん…大便《だいべん》。

1 どんなことについて説明《せつめい》した文章ですか。

・（　　　　）がなぜ、有毒《ゆうどく》な「青酸《せいさん》」をふくんでいる（　　　　）の葉を食べられるのかということ。

2 ①の答えをまとめている一文の、初《はじ》めの四字を書きましょう。

□□□□

3 「自分」とは、だれのことですか。

・（　　　　）のコアラ。

4 □に当てはまる漢字を書きましょう。

① ぼくは、スポーツの中でも、□《とく》にサッカーがすきだ。

② 母の□《この》みの色は、青だ。

③ ユーカリの□□《しんめ》。

5 次の（　）に合う言葉を、□からそれぞれ一つずつ選《えら》んで、書きましょう。

① 晴れた空は、（　　）青く見えるのだろうか。

② 一生けん命作っているが、作品は（　　）完成《かんせい》していない。

もし　まだ　ぜひ　なぜ

ドラゴンのひみつ
ハクシアンは、えものの肉を雪の中にうめて、冷《れい》とう保存《ほぞん》する。

答え合わせをしたら⑯のシールをはろう！

17 虫の口をくっつけてしまうタンポポの白いしる

月　日

答え 92ページ

タンポポのくきや葉をちぎると、白いしるが出てきます。このしるは、タンポポが、自分の身を守るために出しているのです。

白いしるは、初《はじ》めはさらさらですが、しだいにべとべとしてきて、やがて、*接着《せっちゃく》ざいのようになってきます。ですから、くきや葉を食べに来た虫は、食べているうちにこのしるが口に付《つ》き、やがて口がくっついて開かなくなってしまうことがあるといわれています。

タンポポの出す白いしるには、*天然《てんねん》ゴムににたせいしつをもつものがふくまれていて、これが、しるを接着《せっちゃく》ざいのようにする働《はたら》きをしているのです。

*接着《せっちゃく》ざい…物と物とをぴったりくっつけるための薬品。

*天然《てんねん》ゴム…ゴムの木の皮から出てくるえきで作るもの。布《ぬの》テープののりの材料《ざいりょう》などにも使われる。

1 タンポポは、何のためにくきや葉から白いしるを出すのですか。（　）に合う言葉を書きましょう。

・自分の（　　　　）ため。

2 白いしるが変化《へんか》していく順《じゅん》に、（　）に番号を書きましょう。

ア（　）べとべとしてくる。

イ（　）接着《せっちゃく》ざいのようになる。

ウ（　）さらさらしている。

3 「これ」は、何を指していますか。

「　　　　」

4 □に当てはまる漢字を書きましょう。

① 血液《けつえき》の□《はたら》きを調べる。

② □□《てんねん》記念物《きねんぶつ》に指定された植物。

③ 来月の□《はじ》めに、ピアノの発表会がある。

5 次の――の言葉の意味に合うものを□からそれぞれ一つずつ選《えら》んで、記号で答えましょう。

① さっきまで暗かった空が、しだいに明るくなってきた。　□

② もう七時近いので、やがて兄も帰って来るだろう。　□

ア 急に　イ まもなく　ウ だんだん　エ そっと

ドラゴンのひみつ
ハクシアンは、人間の前にとつぜん現《あらわ》れておどろかすことがある。

答え合わせをしたら⑰のシールをはろう！

18 ミスディアの能力《のうりょく》

月　日

答え 92ページ

ミスディアは、高い山の森のおくにすむ、植物が好《す》きなドラゴンです。

ミスディアがすんでいる森の中に、ひときわ大きな木が一本ありました。あるあらしの日、かみなりが落ちて、その木が折《お》れてしまいました。

折《お》れてしまった木を見て、ミスディアは深く悲しみました。木の前のミスディアが、ぽとりとなみだをこぼすと、折《お》れてしまった木から、新しい芽《め》が出てきました。その芽《め》はぐんぐんのびて、みるみるうちに元の木よりも大きくなったのです。

これは、ミスディアのもつ不思議《ふしぎ》な能力《のうりょく》のほんの一部です。

ミスディア

1 ミスディアは、どこにすんでいますか。

（　　　　　　　　）

2 「その木」とは、どんな木ですか。（　）に合う言葉を書きましょう。

・ミスディアがすむ森の中の、（　　　　　　　　）木。

3 ミスディアの不思議《ふしぎ》な能力《のうりょく》がわかる、ひと続《つづ》きの二文をさがして、初《はじ》めと終わりの三字を書きましょう。

□□□ ～ □□□。

4

□に当てはまる漢字を書きましょう。

① ドラゴンの□□□《ふしぎ》な力。

② 木のえだが□《お》れる。

③ 姉は、ばらの花が□《す》きだ。

5

次の（　）に入る言葉を、□からそれぞれ一つずつ選《えら》んで、書きましょう。

① 雨がやんだ後、葉っぱから水のしずくが（　　　　）落ちる。

② 庭に生えている草が（　　　　）のびる。

ぐんぐん	ふわりと	ふらふら	ぽとりと

ドラゴンのひみつ
ハクシアンはにおいにびん感《かん》で、ふぶきの中でも敵《てき》の位《い》置《ち》を見つけることができる。

答え合わせをしたら⑱のシールをはろう！

19 イースター島のモアイ像《ぞう》①

月　日

答え 92ページ

イースター島は、南アメリカ大陸《たいりく》のチリの海岸から遠くはなれた南太平洋《みなみたいへいよう》にある、小さな島です。

ここは、「モアイ」という、人の顔ににせた大きな石像《せきぞう》で有名な島です。モアイは、高さ約《やく》三～二十メートル、重量《じゅうりょう》は最《もっと》も重いもので五十トンにも達《たっ》するものがあります。

モアイは、この島にやって来たポリネシア人によって、つくられ始めたそうです。モアイは、海岸にそって、海にせを向ける形で、村を見て立っています。モアイがつくられた理由については、モアイが村の祖先《そせん》を神としてまつるためのものだったという説《せつ》があります。

1 イースター島はどこにありますか。四字で書きましょう。

2 「ここ」は何を指していますか。六字で書きましょう。

3 モアイは、どんな様子で立っていますか。

・（　　　　）形。

4 モアイは何のためにつくられたと考えられていますか。

・村の祖先《そせん》を（　　　　）ため。

5

□に当てはまる漢字を書きましょう。

① 大会には、□《やく》五千人が参加《さんか》した。

② 荷物の□□《じゅうりょう》をはかる。

③ 南アメリカ□□《たいりく》にあるジャングル。

6

次の――が人から聞いたことを表す言い方になっているものを一つ選《えら》んで、記号で答えましょう。

ア ここから駅までは十五分くらいかかります。

イ 昔、学校のそばに林があったそうです。

ウ 学習発表会は来月行われます。

エ お祭りは、午前十時から始まります。

□

ドラゴンのひみつ
グラスニクスは、長いしっぽでバランスを取りながら、雪の上をすばやく走り回る。

答え合わせをしたら⑲のシールをはろう！

20 イースター島のモアイ像《ぞう》②

月　日

答え 92 ページ

島民《とうみん》の信《しん》こうを集めたモアイは、大きな石を積み上《あ》げてつくったアフという祭だんの上に立てられました。では、モアイは、どのようにしてつくられたのでしょうか。

島の岩山を、しゃ面にそって石のおのや、のみなどで直接《ちょくせつ》けずり、モアイの形にほっていったのです。しかし、大きなモアイを、岩山から海岸までどうやって運んだのかについては、いくつか説《せつ》があり、はっきりしません。

イースター島の文明が失《うしな》われた原因《げんいん》についても、木を使いつくすなどして森林がなくなったためとか、それによる島民《とうみん》の争《あらそ》いのためなど、いろいろな説《せつ》があり、なぞに包《つつ》まれています。

1 モアイは、何の上に立てられたのですか。

・［　　］の上。

2 ㋐問いかけの文と、㋑その答えに当たる文の、それぞれ初《はじ》めの二字を書きましょう。

㋐［　　］　㋑［　　］

3 第三段落《だんらく》で、はっきりしていないこととして挙《あ》げているのは、どんなことですか。

・（　　　）を、岩山から海岸まで、どのようにして（　　　）ということ。

4 □に当てはまる漢字を書きましょう。

① イースター島の人々の□《しん》こうを表すモアイ。

② 作り方を□□《せつめい》する。

③ □《あらそ》いのない社会をつくる。

5 次の（　）に合う言葉を、□からそれぞれ一つずつ選《えら》んで、書きましょう。

① 各《かく》委員会の報告《ほうこく》は以上《いじょう》です。（　　　）、次の話題にうつります。

② 午前中はよい天気でした。（　　　）、午後から雨がふりだしました。

だから　しかし　では　また

ドラゴンのひみつ

グラスニクスはジャンプが得意《とくい》で、険《けわ》しい谷も簡単《かんたん》にとびこえる。

答え合わせをしたら⑳のシールをはろう！

21 アクロポリス —都市国家の中心部①

月　日

答え 92ページ

オリンピックの発しょう*の地として知られるギリシャは、ヨーロッパの南部にある国です。古代ギリシャでは、農業や牧《ぼく》ちくにてきした気候《きこう》にめぐまれ、紀元前《きげんぜん》八世紀《せいき》ごろから、各地《かくち》に「ポリス」とよばれる都市国家がつくられました。

「ポリス」は、都市国家という名のとおり、都市と周辺《しゅうへん》の農村が、国として独立《どくりつ》したものです。当時のギリシャには、ポリスが数百もあったとされています。

ポリスには、「小高い場所」という意味のアクロポリスがありました。このアクロポリスを中心にして、その周《まわ》りにまちが広がっていたのです。

*発しょう…物事が初《はじ》めて起こること。

1 古代ギリシャで、ポリスがつくられたのは、いつごろからですか。

・紀元前《きげんぜん》[　　]世紀《せいき》ごろから。

2 ポリスとは、どのようなものですか。[　]に合う言葉を書きましょう。

・[　　　　]のことで、都市と周辺《しゅうへん》の[　　]が国となったもの。

3 ポリスは、何を中心にしてまちが広がっていましたか。

（　　　　）

4

□に当てはまる漢字を書きましょう。

① りんごを育てるのにてきした□□《きこう》。

② □《ぼく》ちくのさかんな地方。

③ 全国□□《かくち》の特産品《とくさんひん》。

5

次の①・②に合うほうに、○をつけましょう。

① 数が多いほう。

ア（　）百人の観客《かんきゃく》。

イ（　）数百人の観客《かんきゃく》。

② 少し高いことを表しているほう。

ア（　）小高い場所。

イ（　）高い場所。

ドラゴンのひみつ

グラスニクスのおなか側《がわ》の羽毛《うもう》はやわらかく、背《せ》中側《なかがわ》の羽毛はかたい。

答え合わせをしたら㉑のシールをはろう！

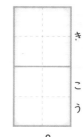

22 アクロポリス —都市国家の中心部②

月　日

答え 93 ページ

今のギリシャの首都アテネは、古代、ポリスとして栄《さか》えた場所でした。「アテネのアクロポリス」は、一九八七年に世界い産《さん》に登録《とうろく》されています。

　アテネのアクロポリスは、東西が約《やく》三百メートル、南北が約《やく》百五十メートルのおかで、大理石の神《しん》でんがいくつも建《た》てられています。神でんというのは、神をまつってある建物《たてもの》です。紀元《きげん》前《ぜん》四三二年に完成《かんせい》したパルテノン神でんは、アテネの守り神であるアテナをまつったもので、世界的《せかいてき》に広く知られています。

　アテネでは、市民《しみん》が自由に意見を言えるような民主的《みんしゅてき》な政治《せいじ》が行われていました。

1 **古代のアテネのアクロポリスについて、（　）に合う言葉を書きましょう。**

・アクロポリスの大きさは、東西約《やく》（　　　）、南北約《やく》百五十メートル。

・アクロポリスには、（　　　）がいくつもあった。

・パルテノン神でんには、アテネの守り神の（　　　）をまつっていた。

・市民《しみん》は、（　　　）に意見を言うことができた。

2

□に当てはまる漢字を書きましょう。

① 図書館の利用《りよう》カードの□□《とうろく》をすませる。

② 新しい校舎《こうしゃ》が□□《かんせい》する。

③ 夏休み中、□□《しみん》プールに何度も行った。

3

次の□の言葉を使って反対の意味の言葉の組み合わせを三つ作り、（　）に書きましょう。

今	東西
建《た》てる	栄《さか》える
南北	明日
昔	おとろえる

（　　）↔（　　）

（　　）↔（　　）

（　　）↔（　　）

ドラゴンのひみつ

グラスニクスの頭や背中《せなか》にあるとがった羽《う》毛《もう》は、氷のようにすき通っている。

答え合わせをしたら㉒のシールをはろう！

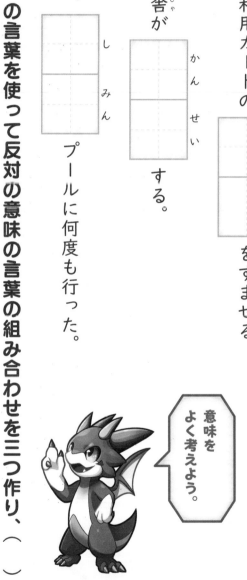

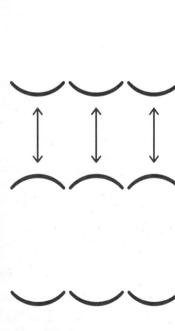

23 なぞの空中都市マチュピチュ①

月　日

答え 93ページ

[1]マチュピチュは、十五世紀《せいき》に南アメリカ大陸《たいりく》で最《もっと》も栄《さか》えたインカてい国《こく》のいせきで、一九八三年に世界い産《さん》になりました。標高約《ひょうこうやく》二千四百メートルの切り立ったがけの上にあり、「空中都市」ともよばれています。

[2]大広場を中心に、*神《しん》でんや王の住まいがある場所と人々が住む場所とに分かれ、それぞれに高度な石づくりのぎじゅつが使われていました。また、山の急なしゃ面には、石組みのだんだん畑を作って農作物を育て、約《やく》五百人の人々がくらしていたようです。

*神でん…神をまつってある建物《たてもの》。

[3]インカてい国は文字をもっていなかったため、マチュピチュがけわしい山上にきずかれた理由はなぞのままです。

1 **[1]の内容《ないよう》についてまとめました。（　）に合う言葉を書きましょう。**

・マチュピチュは、十五世紀《せいき》に栄《さか》えた（　　　）のいせきだ。切り立ったがけの上にあり、（　　　）ともよばれている。

2 **マチュピチュのまちの様子を説《せつ》明《めい》している段落《だんらく》の番号を答えましょう。**

□

3 **マチュピチュがけわしい山上にきずかれた理由がわからないのは、なぜですか。**

・インカてい国は、（　　　）から。

4 □に当てはまる漢字を書きましょう。

① □□《ひょうこう》三千メートルの山。

② 世界い□《さん》について調べる。

③ 大昔に□《さか》えた都市のいせき。

5 次の――の言葉が表している意味を、▢からそれぞれ一つずつ選《えら》んで、記号で答えましょう。

① 日本で最《もっと》も長い川は、信濃川《しなのがわ》だ。 □

ア とても　イ いちばん　ウ かなり

② けわしい山を登る。 □

ア ゆるやかな　イ 急な　ウ まっすぐな

ドラゴンのひみつ
グラスニクスはしっぽを敵《てき》にぶつけて、とがった羽毛《うもう》で敵《てき》を切りさく。

答え合わせをしたら㉓のシールをはろう！

24 なぞの空中都市マチュピチュ②

月　日

答え 93 ページ

マチュピチュの重要《じゅうよう》ないせきの一つに、「太陽の神《しん》でん」があります。この神でんには二つのまどがあり、一つは＊冬《とう》じ、もう一つは＊げしの日の朝日が差《さ》しこむようになっています。ここでは、太陽をはじめ、自然《しぜん》の神々に対してのいろいろなぎ式が行われていたようです。

＊冬《とう》じ…一年でいちばん昼が短い日。
＊げし…一年でいちばん昼が長い日。

また、太陽をつなぎ止める場所という意味の「インティワタナ」は、マチュピチュのいせきの中で最《もっと》も高い場所にあり、太陽の動きの観測《かんそく》に使われていたらしいといわれています。

これらのいせきから、インカてい国《こく》の人々が、いかに太陽をうやまい大切にしていたかということがわかります。

1 **「太陽の神でん」の二つのまどのつくりは、どうなっていますか。（　）に合う言葉を書きましょう。**

・（　　　）とげしの日の（　　　）が、差《さ》しこむようになっている。

2 **「インティワタナ」は、何に使われていたと考えられていますか。**

・（　　　）の観測《かんそく》。

3 **「これらのいせき」とは、何と何を指していますか。**

（　　　）

4

□に当てはまる漢字を書きましょう。

① 朝日が部屋に□《さ》しこむ。

② 天体望遠鏡《ぼうえんきょう》で、月の□《かん》測《そく》をする。

③ ゆたかな□□《しぜん》の中で、休日をすごす。

5

――が〈　〉の意味をそえる言い方になっている文を二つ選《えら》んで、記号で答えましょう。

〈はっきりしないが、そのように考えられる。〉

ア 兄は、サッカークラブの練習に行ったようです。

イ このビルは、二十年前に建《た》てられました。

ウ 近所のスーパーマーケットは、今日は休業するらしい。

エ この知らせを聞いたら、母は、きっとよろこぶにちがいない。

□・□

ドラゴンのひみつ

グラスニクスはしゅう念《ねん》深い性格《せいかく》で、一度ねらったえものをずっと追《お》いかけ続《つづ》ける。

答え合わせをしたら㉔のシールをはろう！

25

インダス文明の都市 モヘンジョ・ダロ①

月　日

答え 93ページ

古代文明としてよく知られているのが、紀元《きげん》前三千年以上《いじょう》前から二千五百年ごろにかけて起こった、中国《ちゅうごく》文明・エジプト文明・メソポタミア文明・インダス文明の四つです。いずれも、大きな川のほとりで発てんしました。

モヘンジョ・ダロは、インダス文明が最《もっと》も栄《さか》えた時期に、インダス川の下流につくられた都市です。

インダス川は、今のインド北西部からパキスタンを流れる大河《たいが》です。ヒマラヤ山脈《さんみゃく》の雪どけ水によってこう水《ずい》が起きますが、それによって川の周辺《しゅうへん》はゆたかな水と土地にめぐまれ、農業が発達《はったつ》しました。牧《ぼく》ちくもさかんで、しだいに都市がつくられていきました。

1 四つの有名な古代文明に共通《きょうつう》しているのは、どんなことですか。

［　　　　　　　　　　］

2 モヘンジョ・ダロは、どこにつくられた都市ですか。

（　　　　　　　　　　）

3 「それ」が指している事がらを、三字で書きましょう。

□□□

4 「それ」が周辺《しゅうへん》にあたえたものを二つ書きましょう。

・ゆたかな（　　　と　　　）。

5

□に当てはまる漢字を書きましょう。

① 富士山《ふじさん》は日本で□《もっと》も高い山だ。

② 工業が□□《はったつ》する。

③ 学校の□□《しゅうへん》の地図。

6

次の――の言葉が表す意味に合うものを一つずつ選《えら》んで、記号で答えましょう。

① 平成《へいせい》二十八年から平成《へいせい》三十年にかけて、駅の工事が行われた。

ア 平成《へいせい》二十八年と平成《へいせい》三十年に。
イ 平成《へいせい》二十九年と平成《へいせい》三十年に。
ウ 平成《へいせい》二十八年と平成《へいせい》二十九年と平成《へいせい》三十年に。

□

② きゅうり、ゴーヤとかぼちゃは、いずれもウリ科の野菜《やさい》だ。

ア きゅうりとゴーヤが。
イ きゅうりとゴーヤとかぼちゃが。
ウ きゅうりとかぼちゃが。

□

ドラゴンのひみつ グラスニクスは木に傷《きず》をつけて、自分のなわ張《ば》りを示《しめ》す。

答え合わせをしたら㉕のシールをはろう！

26 インダス文明の都市 モヘンジョ・ダロ②

月　日

答え 93ページ

今のパキスタンに残《のこ》っているモヘン*ジョ・ダロの都市いせきから、当時の生活の様子を知ることができます。

モヘンジョ・ダロは、公共《こうきょう》のしせつが集まっている城《じょう》さい部《ぶ》と住民《じゅうみん》がくらす市街地《しがいち》とに分かれていました。

城《じょう》さい部《ぶ》には、*大《だい》もく浴場《よくじょう》、こく物倉庫《もっそうこ》、公会堂《こうかいどう》などがありました。

市街地《しがいち》の各家《かくいえ》には浴室《よくしつ》や下水のせつびが整っていたうえに、ところどころに共同《きょうどう》の井戸《いど》もありました。道路やいろいろなせつびには、かたくてじょうぶな焼《や》きれんがが大量《たいりょう》に使われました。

インダス文明は、気候《きこう》の変動《へんどう》や自然《しぜん》災害《さいがい》などの原因《げんいん》が重なり、紀元前《きげんぜん》千八百年ごろにはそのすがたを消しました。

*モヘンジョ・ダロの都市いせき…一九二二年に発見された。

*大《だい》もく浴場《よくじょう》…しゅう教的《てき》なぎ式が行われたしせつ。

1 モヘンジョ・ダロの次の㋐・㋑の場所に合うものを全て選《えら》んで、記号で答えましょう。

㋐ 城《じょう》さい部《ぶ》（　　）

㋑ 市街地《しがいち》（　　）

ア 住民《じゅうみん》がくらしていた。
イ こく物倉庫《もっそうこ》があった。
ウ 公会堂《こうかいどう》があった。
エ 共同《きょうどう》の井戸《いど》があった。
オ 大《だい》もく浴場《よくじょう》があった。

2 インダス文明がおとろえた主な原因《げんいん》は、何ですか。

・（　　）や自然《しぜん》災害《さいがい》。

3

□に当てはまる漢字を書きましょう。

① □□《そうこ》に品物を運ぶ。

② 住民《じゅうみん》が□□《きょうどう》で使う井戸《いど》。

③ 夏休みも□《のこ》り少なくなる。

4

場所やしせつを表す言葉になるように、□から合う漢字をそれぞれ一つずつ選《えら》んで、書きましょう。

① 図書□

② 野球□

③ 市街《しがい》□

堂《どう》	院
地	館
場	所

ドラゴンのひみつ グラスニクスは、冬になると体の毛の量《りょう》が増《ふ》える。

答え合わせをしたら㉖のシールをはろう！

27

二つの種族《しゅぞく》の争《あらそ》い

月　日

答え 94ページ

「しんりゅう族」と「こうりゅう族」は、長年、にくみ合っている仲《なか》です。なぜ、この二つの種族《しゅぞく》は、そんな関係《かんけい》になってしまったのでしょうか。

大昔、「しんりゅう族」と「こうりゅう族」の間で大きな戦《たたか》いがありました。どちらも強いこうげき力をもっており、長くはげしい戦《たたか》いが続《つづ》きました。そのため、戦《たたか》いが終わった後もうらみが残《のこ》り、今でもおたがいをてきとしてにくんでいるのです。

二つの種族《しゅぞく》は、全くちがう場所にすんでいるので、ふだん出会うことはありません。しかし、もし出会ってしまったら、また、はげしい戦《たたか》いが始まってしまうでしょう。

1 問いかけの文をさがして、初《はじ》めの二字を書きましょう。

2 **1**の問いかけに対する答えを表している段落《だんらく》はどれか、漢数字で答えましょう。

第□段落《だんらく》

3 二つの種族《しゅぞく》の関係《かんけい》について、文章の内容《ないよう》に合うものを一つ選《えら》んで、○をつけましょう。

ア　今も戦《たたか》いを続《つづ》けている。
イ　今は戦《たたか》っていない。
ウ　もう戦《たたか》いはしない。

4

□に当てはまる漢字を書きましょう。

① □《なか》の良《よ》い友達《ともだち》と遊ぶ。

② 色に□□《かんけい》のある言葉を集める。

③ 試合《しあい》で□《たたか》う相手チームの選手《せんしゅ》とあく手する。

5

次の（　）に合う言葉を、□からそれぞれ一つずつ選《えら》んで、書きましょう。

① （　　　）明日晴れたら、ピクニックに行こう。

② （　　　）、弟はさっきから泣《な》いているのだろうか。

なぜ　たとえ　もし　きっと

ドラゴンのひみつ　グラスニクスは数体の群《む》れで行動することが多い。

答え合わせをしたら㉗のシールをはろう！

パズル②

ドラゴンが守るほう石

月　日

答え 96ページ

1

「カ」と読む漢字をぬりつぶしましょう。残《のこ》った漢字のほう石を手に入れられます。

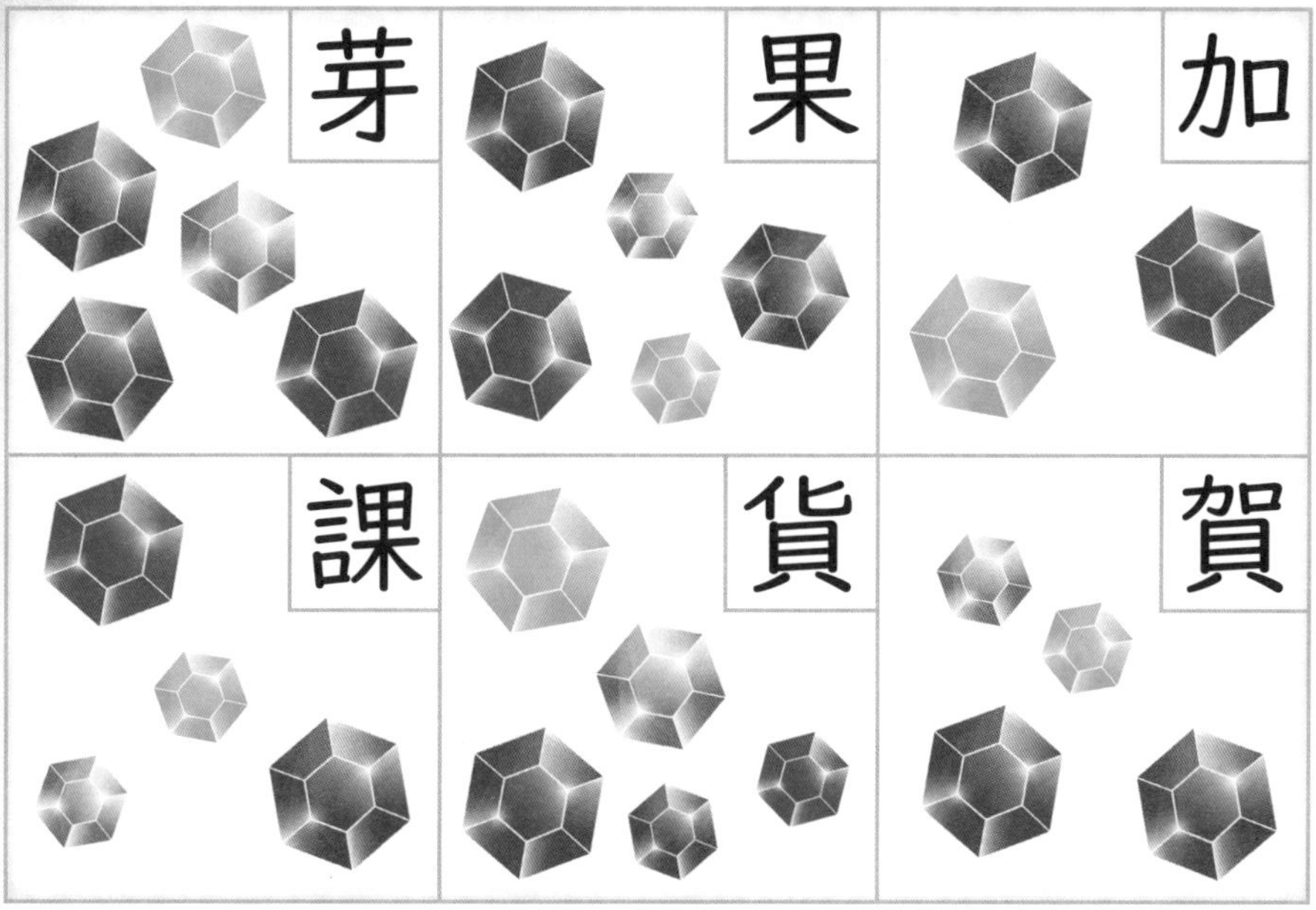

②

県の名前になるように、二つの漢字の◆を——線でつなぎましょう。

四本の——線でかこまれたほう石を手に入れられます。

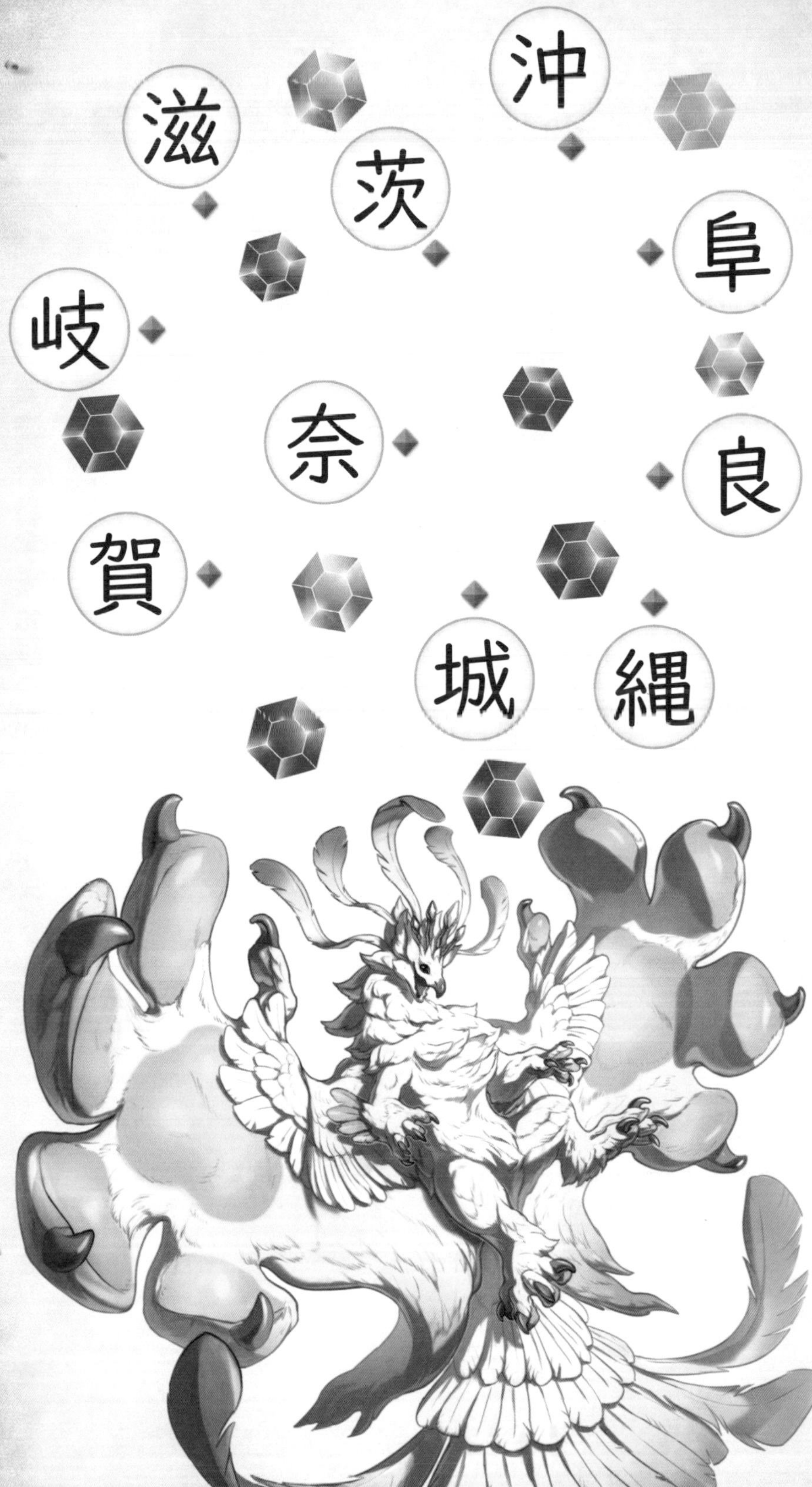

メイコウヒ

28 力のはりが作ったマイクロ注しゃばり①

月　日

答え 94ページ

虫の力にさされると、後でかゆくなりますが、さされたとき、いたくはありません。

力は、はりのような口で皮ふを切りさいていくのに、いたみを覚《おぼ》えないのはなぜでしょう。

人間の皮ふには、周《まわ》りの様子を感じ取るための目に見えない小さな点が散《ち》らばっています。いたみを感じる「つう点」もその一つです。

力のはりはホースのようなつくりをしていて、皮ふの下の血管《けっかん》から血をすい上げます。はりの太さは、人間のかみの毛よりも細い約《やく》六十マイクロメー*トルなので、つう点にさわらずにさすことができ、いたくないのです。

＊マイクロメートル…一ミリメートルの千分の一の長さ。

1 「つう点」とは、どのようなものですか。□に合う字数の言葉を書きましょう。

・□□に散《ち》らばっている、□□□を感じ取るための小さな点。

2 力のはりは、㋐どんなつくりで、㋑どのくらいの太さですか。

㋐つくり（　　　）

㋑太さ（　　　）

3 □に当てはまる漢字を書きましょう。

① 漢字の書《か》き順《じゅん》を［おぼ］える。 ② うでの［けっかん］に注しゃをする。

③ 落ち葉が、木の周《まわ》りに［ち］らばる。

4 次の文は、何を何にたとえた言い方ですか。（　）に書きましょう。

〈例《れい》〉わたがしのような、雲を見た。→（雲）を（わたがし）にたとえている。

① ストローのようなチョウの口を、写真にとる。

（　　　）を（　　　）にたとえている。

② 太陽のようなヒマワリの花がさいている。

（　　　）を（　　　）にたとえている。

ドラゴンのひみつ　メイコウヒはふだん雲の上にすんでいて、めったに姿《すがた》を見ることができない。

答え合わせをしたら㉘のシールをはろう！

29 カのはりが作った マイクロ注しゃばり②

　　月　　日

答え 94ページ

カのはりをヒントに、これまでの十分の一の太さの、マイクロ注しゃばりが開発されました。

研究を重ねた結果《けっか》、細くて、さしてもいたくなく、折《お》れにくい注しゃばりの管《くだ》の太さは、四十四マイクロメートルだということがわかりました。

□、こんなに細くて真ん中にあなのあいたはりを作るのは、とてもむずかしい仕事です。そこで、次のような特別《とくべつ》な方法《ほうほう》が使われました。

まず、細いじくを高速で回転させながら周《まわ》りに金属《きんぞく》の材料《ざいりょう》をふきつけ、うすいまくを作ります。まくが固《かた》まったところでじくを引きぬくと、とても細いはりができるのです。

1 **「マイクロ注しゃばり」の管《くだ》の太さを答えましょう。**

・（　　　　）メートル

2 **□に合う言葉を一つ選《えら》んで、○をつけましょう。**

ア だから　　イ また

ウ けれども

3 **マイクロ注しゃばりの作り方の順《じゅん》に、□に番号を書きましょう。**

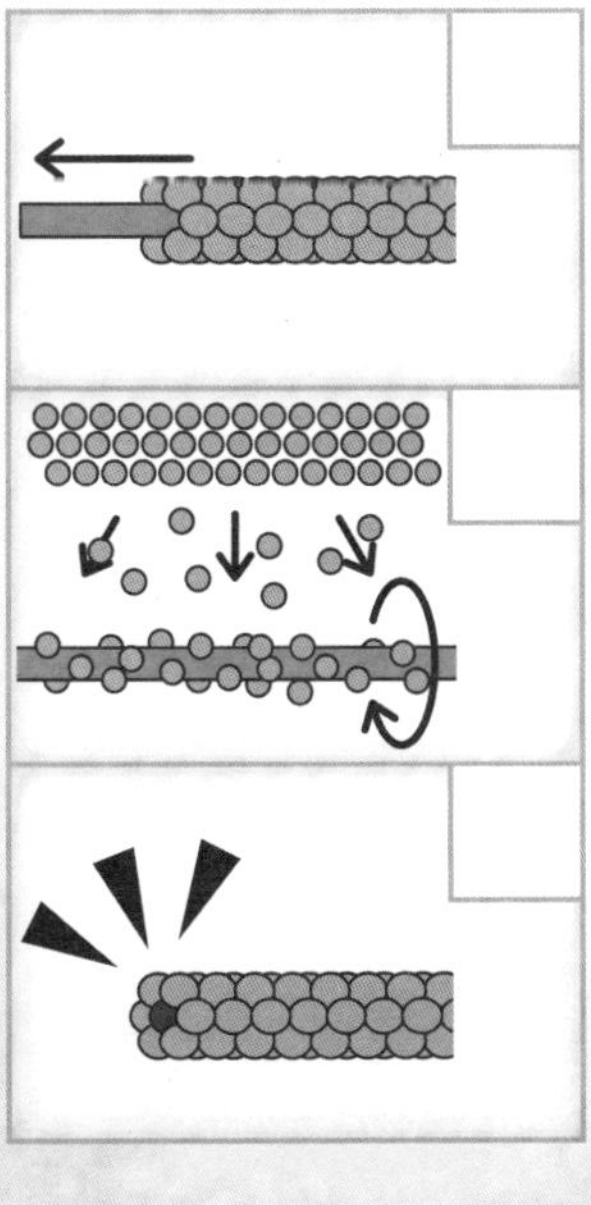

4

□に当てはまる漢字を書きましょう。

① 調べた□□《けっか》を発表する。

② ケーキの□□□□《ざいりょう》をそろえる。

③ コンクリートが□《かた》まる。

5

次の（　）に合う言葉を、□から、それぞれ一つずつ選《えら》んで、書きましょう。

① ハイキングに行くのを楽しみにしていた。（　　　）、台風で中止になった。

② 宿題の算数の問題がとけなかった。（　　　）、姉に教えてもらった。

まず　そこで　それとも　けれども

ドラゴンのひみつ
メイコウヒは、心がきれいな人間の前にしか姿《すがた》を現《あらわ》さないといわれている。

答え合わせをしたら㉙のシールをはろう！

30

飛行機《ひこうき》もキャッチする!? クモの糸①

月　日

答え 94ページ

細くてとう明な糸をあみの目のようにはりめぐらしたクモの巣《す》を見たことはありませんか。

クモの巣《す》は、巣《す》のほね組みとなる強くしっかりしたたて糸と、のびちぢみしやすく、べとべとしている横糸を中心に作られています。この他、巣《す》のわくの糸やクモがぶら下がる糸などは、たて糸ににたせいしつをもっています。

ふつうのクモの糸の太さは五マイクロメートル*ですが、もし、太さが一センチメートルのクモの糸で巣《す》を作ることができたら、どうでしょう。

信《しん》じられないかもしれませんが、飛《ひ》行機《こうき》が巣《す》にかかってもびくともしないほど、じょうぶなのです。

*マイクロメートル……一ミリメートルの千分の一の長さ。

1 **クモの巣《す》の、㋐たて糸と㋑横糸の特《とく》ちょうを書きましょう。**

㋐ たて糸（　　　　）

㋑ 横糸（　　　　）

2 **クモの糸は、どれくらいじょうぶなのですか。**

・もし、（　　　　）の太さにしたら、クモの巣《す》に（　　　　）がかかっても、びくともしない。

3 □に当てはまる漢字を書きましょう。

① 兄の言うことを□《しん》じる。

② アリの□《す》を見つける。

③ 飛行《ひこう》□《き》に乗って、南の島へ行く。

4 次の言葉と反対の意味の言葉を、□からそれぞれ一つずつ選《えら》んで書きましょう。

① たて ↔ （　　　）　［前　横　後ろ］

② 強い ↔ （　　　）　［多い　固《かた》い　弱い］

③ 太い ↔ （　　　）　［小さい　細い　うすい］

ドラゴンのひみつ
メイコウヒが現《あらわ》れたときには、あたり一面がまぶしい光に包《つつ》まれるという。

答え合わせをしたら㉚のシールをはろう！

31 飛行機《ひこうき》もキャッチする!? クモの糸②

月　　日

答え 94ページ

最近《さいきん》になって、クモの糸のように強くてのびちぢみしやすい糸が、人工的《じんこうてき》に作れるようになりました。

クモの糸は、人間のきん肉や皮ふなどと同じように、タンパクしつからできています。このタンパクしつの*い伝《でん》子《し》を調べ、同じものを人工的《じんこうてき》に作って、*び生物に組み入れると、そのび生物が、クモの糸のタンパクしつを作ってくれるのです。

こうして作られた人工のクモの糸には、「QMONOS《クモノス》」という名前がつけられました。タンパクしつでできているので、使い終えたら土にかえすことができ、地球のかんきょうにもやさしいといえます。

*い伝子《でんし》…親の体の形やせいしつの何が、子へと伝《つた》わるのかを決める物質《ぶっしつ》。
*び生物…けんび鏡《きょう》でなければ見えないほどの小さな生物。

1 **人工のクモの糸は、どのようにして作りますか。（　）に合う言葉を書きましょう。**

・クモの糸の、（　　　　）のい伝子《でんし》を人工的《じんこうてき》に作り、び生物の中に組み入れる。

2 **人工のクモの糸の長所は、どんな点ですか。**

・使った後は（　　　　）にかえすことができるので、（　　　　）にやさしい点。

3

□に当てはまる漢字を書きましょう。

① い□《でん》子《し》についての研究が進む。

② 人工□《てき》に波を起こすプール。

③ □□《さいきん》、駅のそばに高いビルが建《た》った。

4

〈例《れい》〉のように、二つの言葉が組み合わさってできる言葉を書きましょう。

〈例《れい》〉食べる＋始める→（食べ始める）

① 使う ＋ 終える →（　　　）

② 組む ＋ 入れる →（　　　）

ドラゴンのひみつ　メイコウヒは両手やつばさで太陽のエネルギーを集める。

答え合わせをしたら㉛のシールをはろう！

32 へっぴり虫のふんしゃはロケットふんしゃと同じ？①

月　　日

答え 95ページ

ミイデラゴミムシは、「へっぴり虫」ともよばれています。

なぜ、こんな名前でよばれているのでしょう。それは、この虫が、てきにあうと、おしりから白いきりのようなくさいガスを出すからです。しかもこのガスは、くさいだけではなく百度にも達《たっ》する熱《あつ》さで、天てき*のカエルなどは、口をやけどしてしまうほどです。

ミイデラゴミムシは、体の中に「ヒドロキノン」「過酸化水素《かさんかすいそ》」という二種類《しゅるい》の物質《ぶっしつ》をもっています。ふだん別《べつ》別《べつ》の場所にあるこの二つは、てきにこうげきされると体の中でまぜ合わせられて、百度のガスに変化《へんか》し、体外にふんしゃされるのです。

*天てき…ある動物にとって、いちばんのてき。

1 ミイデラゴミムシがおしりから出すガスの様子について、□に合う言葉を書きましょう。

・白いきりのよう。

・□□。

・□□の高熱《こうねつ》。

2 ミイデラゴミムシは、てきにこうげきされると、どうしますか。（　）に合う言葉を書きましょう。

・（　　）と過酸化《かさんか》水素《すいそ》を体内でまぜ合わせ、体外に（　　）する。

3

□に当てはまる漢字を書きましょう。

① □《べつ》の方法《ほうほう》を考える。

② スープが□《あつ》かったので、少し冷《さ》ます。

③ お湯がわいて、百度に□《たっ》する。

4

次の文に合うほうの言葉に、○をつけましょう。

① 夕食後、すぐにねむくなったのは、今朝早く起きた
（　）ほどです。
（　）からです。

② 夏の日差《ひざ》しは強く、はだがじりじりと焼《や》けそうな
（　）ほどです。
（　）からです。

ドラゴンのひみつ

メイコウヒの頭には色とりどりの宝石《ほうせき》がある。宝石は成長《せいちょう》するにつれて数が増《ふ》える。

答え合わせをしたら㉜のシールをはろう！

33 へっぴり虫のふんしゃはロケットふんしゃと同じ？②

月　日

答え 95ページ

ミイデラゴミムシは、体の中の二種《しゅ》類《るい》の物質《ぶっしつ》をまぜ合わせて、においのある高熱《こうねつ》のガスをふんしゃし、てきのこうげきから身を守ります。

ミイデラゴミムシのこのふんしゃの仕組みは、実はうちゅうロケットのエンジンと同じなのです。

うちゅうロケットには、液体燃料《えきたいねんりょう》と、空気のないうちゅうで燃料《ねんりょう》をもやすのに必要《ひつよう》な液体《えきたい》さんそが積《つ》まれています。

打ち上げ前は、この二つは別々《べつべつ》の場所にありますが、飛《と》ぶときに、ねんしょう室《しつ》で二つをいっしょにして高い温度でもやします。そして、このときに発生するガスの大きなエネルギーで、高速で飛《と》び上《あ》がることができるのです。

1 ミイデラゴミムシのふんしゃの仕組みは、何と同じなのですか。

（　　　　　　　　）

2 「この二つ」が指すものに、○をつけましょう。

ア　ガス　　　イ　液体《えきたい》さんそ

ウ　空気　　　エ　液体燃料《えきたいねんりょう》

3 「大きなエネルギー」を出すには、「この二つ」をどうするのですか。

・二つを（　　　　）でいっしょにして、高い（　　　　）でもやす。

4

□に当てはまる漢字を書きましょう。

① 荷物をトラックに□《つ》む。

② ロケットがうちゅう空間を□《と》ぶ。

③ 入会のときに□□《ひつよう》な書類《しょるい》を書く。

5

次の——は、何を指していますか。答えましょう。

① 牛にゅうと食パンを買った。この二つは、明日の朝食用だ。

（　　　　）の二つ。

② 金魚にえさをやる。このとき、いつも金魚に声をかけている。

（　　　　）とき。

ドラゴンのひみつ　メイコウヒの落とした羽を手に入れた者は、一生幸せに過《す》ごせるといわれている。

答え合わせをしたら㉝のシールをはろう！

34 ハスの葉の仕組みを使ってよごれない服を作る?①

月　日

答え 95ページ

池やぬまの水の中から生えているハスの葉は、大きくて円い形をしています。この植物の葉は、水をとてもよくはじくのでよごれが付《つ》きにくく、よごれたとしても、雨水でかんたんにあらい落とすことができます。

ハスの葉が水をはじきやすいことは、夏の季節《きせつ》にきれいな花をさかせているそばで、葉の上の水のしずくが、玉になって[　]転がっているすがたからもよくわかります。

ハスの、この水をはじくせいしつを「ちょうはっ水性《すいせい》」といいます。

このせいしつは、ハスの葉の表面に、とても小さいでこぼこがあることから生まれているのです。

1 ハスの葉には、どんな特《とく》ちょうがありますか。[　]に合う字数の言葉を書きましょう。

・水をよく[　　　]。

2 [　]に合う言葉を一つ選《えら》んで、○をつけましょう。

ア　すいすい　　イ　ぐるぐる　　ウ　ころころ

3 「このせいしつ」のことを、㋐どうよんでいますか。また、㋑どんなことから生まれているのですか。

㋐（　　　）性《せい》

㋑「　　　」

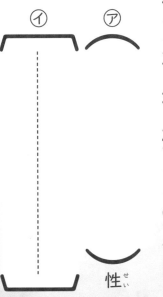

4

□に当てはまる漢字を書きましょう。

① 毛筆で字を書いていて、指にすみが□《つ》く。

② 四□《き》折々《おりおり》の花がさく公園。

③ □《せつ》分に豆をまく。

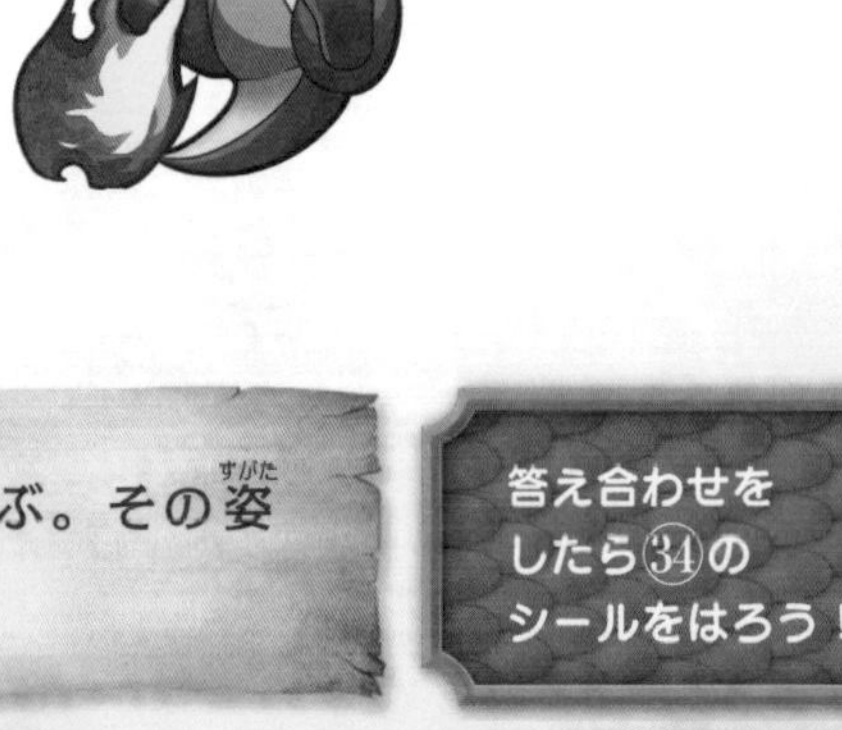

5

——が、①・②の意味を表す言葉になるように、○に合うひらがなを書きましょう。

① 楽に歩くことができる。

・このくつは、足になじんで歩き○○○。

② 書くことがむずかしい。

・紙がつるつるしていて、ボールペンでは字が書き○○○。

ドラゴンのひみつ メイコウヒはゆっくりと空を飛《と》ぶ。その姿《すがた》はとても神々《こうごう》しい。

答え合わせをしたら㉞のシールをはろう！

35 ハスの葉の仕組みを使ってよごれない服を作る？②

月　日

答え 95ページ

ハスの葉の表面のでこぼこは、大きさが数マイクロメートル*で、そのでこぼこの表面には、さらにその数百分の一の大きさの出っぱりが、たくさん付《つ》いています。

*マイクロメートル…一ミリメートルの千分の一の長さ。

この出っぱりがあることによって、ハスの葉と水とがふれ合っている部分の面積《めんせき》がとても小さくなるために、葉に付《つ》いた水玉がぺたっとつぶれてしまうのをふせいでいます。

ハスのように、自分で自分をきれいにする仕組みを「セルフ・クリーニング」機能《きのう》とよんでいます。この仕組みを利用《りよう》すると、よごれにくく、水をはじきやすい服を作ることができるかもしれません。楽しみですね。

1 「この出っぱり」の役わりとしてよいほうに、○をつけましょう。

ア ハスの葉に水玉ができるのをふせぐ。

イ ハスの葉に付《つ》いた水玉がつぶれてしまうのをふせぐ。

2 「『セルフ・クリーニング』機能《きのう》」とは、どんな仕組みですか。［　］に合う言葉を書きましょう。

・［　　　　］仕組み。

3 2の仕組みを使うと、どんな服を作ることができますか。

［　　　　］

4 □に当てはまる漢字を書きましょう。

① 新しい電気そうじ□□《き》を使う。

② 土地の□□《めんせき》をはかる。

③ 市立図書館を□□《りよう》する。

5 次の意味を表す文になるほうの（　）に、○をつけましょう。

① その様子が続《つづ》いている。

・朝から雨が（　）ふる。
　　　　　　（　）ふっている。

② その事がらが起きたことを残念《ざんねん》に思う。

・コップを（　）わった。
　　　　　（　）わってしまった。

ドラゴンのひみつ

メイコウヒは高い声で鳴く。メイコウヒの鳴き声を聞いた敵《てき》は、戦《たたか》う意志《いし》を失《うしな》う。

答え合わせをしたら㉟のシールをはろう！

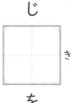

36 自由気ままなしょうりゅう族

月　日

答え 95 ページ

「しょうりゅう族」のドラゴンたちは、きらきらとかがやくすがたをしていますが、高い山の上にいるので、人間がそのすがたを目にすることはほとんどありません。かれらはみな、自由で気まぐれなところがあります。例《たと》えば、道にまよった人間を助けるドラゴンがいるいっぽうで、急に人間の前にあらわれておどろかせるドラゴンもいます。

また、「しょうりゅう族」はほとんど戦《たたか》いません。他の土地での出来事も気にしないので、「しんりゅう族」と「こうりゅう族」の争《あらそ》いにも興味《きょうみ》がありません。けれども、実は他の種族《しゅぞく》にも負けないくらいの強い力をもっているのです。

1 「しょうりゅう族」のドラゴンたちは、どんなすがたをしているのですか。

（　　　　　　　　）

2 「気まぐれなところ」をわかりやすく説明《せつめい》している一文の、初《はじ》めの三字を書きましょう。

□□□

3 「しょうりゅう族」についての説《せつ》明《めい》に合うものを一つ選《えら》んで、○をつけましょう。

ア 低《ひく》い山にすんでいる。
イ 他の種族《しゅぞく》と争《あらそ》い続《つづ》けている。
ウ 人をおどろかせることがある。
エ 他の種族《しゅぞく》ほどの力はない。

4 □に当てはまる漢字を書きましょう。

① 丸い物、□《たと》えば、野球のボールを思いうかべる。

② 野原に、たくさんの□《しゅ》類《るい》の花が、さいている。

③ 妹とよくテレビのチャンネル□《あらそ》いをする。

5 次の文の——が〈 〉の意味を表す言い方になるように、（ ）に合う言葉を、▭からそれぞれ一つずつ選《えら》んで、書きましょう。

① 〈心配する〉……外からまだもどらないかいねこのことを、（　　）にする。

② 〈見かける〉……通学路で、かわいい花を（　　）にする。

頭	目	日	気

ドラゴンのひみつ メイコウヒは、500年に一度、生《う》まれ変《か》わるといわれている。

答え合わせをしたら㊱のシールをはろう！

答え

おうちの方へ

まちがえた問題は、見直しをしてしっかり理解させましょう。

1 高速でかりをするチーター　13〜14ページ

1 ねこ

2 四百メートル（くらい）

3 チーターは

4 あしのつめ

5 ①仲間　②最　③陸上

6 ①走れる　②とれる

アドバイス 3「問いかけの文」では、「なぜ……か。」の形がよく使われることをおさえましょう。

2 てきをかこんでたいじするニホンミツバチ　15〜16ページ

1 はり

2 むね・高熱

3 ②（口でかこんでいなくても正解《せいかい》）

4 ①協力　②巣　③方法

5 ①守る　②てき

アドバイス 3「いっぽう」は、話が変《か》わって、もう一つのことをのべるときに使う言葉です。

3 くらやみのハンター フクロウ　17〜18ページ

1 なぜ

2 えものが出した音の位置。

3 やわらかく・羽音

4 ①位置　②特　③静

5 ①大きさ　②強さ

4 世界一大きなオサガメ　19〜20ページ

1 イ

2 熱・体温

3 （好物の）クラゲ

4 ①億　②成長　③調節

5 ①ア　②イ

アドバイス 5「以上《いじょう》」「以下《いか》」は、その数を入れて、それより多い数、少ない数を表すことに注意しましょう。

5 したでえものをおびきよせるワニガメ　21〜22ページ

1 魚類・貝類など。

2 ミミズ・赤くて細長いした

3 強く・大けが

4 ①着陸　②類　③方法

5 ほとんど

アドバイス 3「きけん」の内《ない》容《よう》は、すぐ前の文で説明《せつめい》しています。

6 きびしいかんきょうにすむドラゴン 23～24ページ

1 ㋐深い海の底 ㋑さばく
㋒高い山の上

2 「しんりゅう族」・「こうりゅう族」・「しょうりゅう族」（順《じゅん》不《ふ》同《どう》・「　」がなくても正解《せいかい》）

3 ①種族 ②底 ③積

4 めったに・ほとんど（順《じゅん》不《ふ》同《どう》）

アドバイス 4 「めったに」も「ほとんど」も、後に「ない」という打ち消しの言葉がきて、「ごくまれにしかそうしない」、つまり「めずらしい」という意味を表します。

7 太陽のすがた 25～26ページ

1 電気を帯びた高温の

2 低い

3 ㋐二百万 ㋑五千五百
㋒千五百万

4 ①直径 ②外側 ③熱

5 ①低い ②暗い

アドバイス 3 ㋐・㋒につられて、㋑を「五千五百万」と、書きまちがえないように注意しましょう。

8 光のカーテン オーロラ 27～28ページ

1 二

2 太陽風

3 ㋐三百キロメートルくらい
㋑緑 ㋒ピンクやむらさき色

4 ①付近 ②南極 ③変化

5 ①イ ②エ

9 月の世界 29～30ページ

1 例えば

2 温度差・音

3 （大量の）いん石

4 ①大量 ②差 ③望遠鏡

5 ①例えば ②また

アドバイス 1 「具体的《ぐたいてき》に」とは、ここでは、わかりやすい例《れい》を挙《あ》げて説明《せつめい》していることを表しています。

10 生物を守る地球 31～32ページ

1 （太陽からの）太陽風

2 じ場・大気（順《じゅん》不《ふ》同《どう》）

3 方向を曲げられてしまう

4 イ

5 ①有害 ②果 ③達

6 ①方向 ②地表

アドバイス 2 この文章は、「二つあります。」と、まずこれから説明《せつめい》する事がらが二つあることをしめし、続《つづ》く二つの段落《だんらく》（「一つは……」と「もう一つは……」の各段落《かくだんらく》）でくわしく説明《せつめい》する、という形になっています。

11 天の川と銀河 33〜34ページ

1 内側

2 多くの星が集中している

3 二兆

4 ①内側 ②帯 ③成

5 ①イ ②ア

アドバイス 1 第二段落《だんらく》で、「……なのです。」という説明《せつめい》するときの言葉を使って、天の川の正体を明らかにしています。

12 シクシィとぼうけん家 35〜36ページ

1 ふぶき

2 (小さな) 赤いドラゴン

3 ドラゴン

4 ①飛 ②続 ③連

5 ①が ②と

13 ブダイのねぶくろ 39〜40ページ

1 ねばねば・体(全体)

2 てき

3 ①付 ②包 ③働

4 まるで

アドバイス 1 ブダイの仲間《なかま》が「ねばねばしたとう明なえき」で体全体を包《つつ》んでいる様子を、人間がキャンプなどで使うねぶくろにたとえて説《せつ》明《めい》していることをおさえましょう。

14 マダコの変そう 41〜42ページ

1 皮ふ・色

2 でこぼこ

3 てきの目をごまかすこと。

4 ①周 ②変 ③区別

5 ①でこぼこ ②すべすべ

15 コオリウオの血液のひみつ 43〜44ページ

1 南極

2 マイナス二

3 こおらせない

4 ①周辺 ②冷 ③約

5 ①（○）（ ） ②（ ）（○）

16 ユーカリの毒に負けないコアラ 45〜46ページ

1 コアラ・ユーカリ

2 コアラの

3 赤ちゃん

4 ①特 ②好 ③新芽

5 ①なぜ ②まだ

17 虫の口をくっつけてしまうタンポポの白いしる 47～48ページ

1 身を守る

2 ア（2） イ（3） ウ（1）

3 天然ゴムににたせいしつをもつもの。

4 ①働 ②天然 ③初

5 ①ウ ②イ

18 ミスティアの能力 49～50ページ

1 高い山の森のおく。

2 ひときわ大きな

3 木の前～のです

4 ①不思議 ②折 ③好

5 ①ぽとりと ②ぐんぐん

19 イースター島のモアイ像① 51～52ページ

1 南太平洋

2 イースター島

3 （海岸にそって、）海にせを向ける

4 神としてまつる

5 ①約 ②重量 ③大陸

6 イ

アドバイス 6 ア・ウ・エは事実を表す言い方です。

20 イースター島のモアイ像② 53～54ページ

1 アフ

2 ㋐では ㋑島の

3 （大きな）モアイ・運んだのか

4 ①信 ②説明 ③争

5 ①では ②しかし

アドバイス 2 問いかけの文は「なぜ・どのようにして・どうして」のような言葉と「……でしょうか。」などの文末《ぶんまつ》の言い方を組み合わせて使われることが多いことをおさえましょう。「答え」は、ここでは「……のです。」という説明《せつめい》する言い方を使っています。

21 アクロポリス―都市国家の中心部① 55～56ページ

1 ハ

2 都市国家・農村

3 アクロポリス

4 ①気候 ②牧 ③各地

5 ①イ ②ア

アドバイス 5 ①「数百人」という言い方は「百人のかたまりが、いくつかあること」を表す言い方です。②「小《こ》……」という言い方は、程度《ていど》や数《すう》量《りょう》がわずかだということを表すので、「小高い」は「少し高い」という意味になります。

22 アクロポリス —都市国家の中心部② 57～58ページ

1 三百メートル・(大理石の)神でん・アテナ・自由

2 ①登録 ②完成 ③市民

3 今↔昔 東西↔南北 栄える↔おとろえる (順《じゅん》不《ふ》同《どう》)

23 なぞの空中都市マチュピチュ① 59～60ページ

1 インカてい国・「空中都市」(「 」がなくても正解《せいかい》)

2 ②(□でかこんでいなくても正解《せいかい》)

3 文字をもっていなかった

4 ①標高 ②産 ③栄

5 ①イ ②イ

アドバイス 5 ②「けわしい」は、山などのしゃ面が急な様子を表します。

24 なぞの空中都市マチュピチュ② 61～62ページ

1 冬じ・朝日

2 太陽の動き

3 「太陽の神でん」と「インティワタナ」。(「 」がなくても正解《せいかい》)

4 ①差 ②観 ③自然

5 ア・ウ (順《じゅん》不《ふ》同《どう》)

25 インダス文明の都市モヘンジョ・ダロ① 63～64ページ

1 大きな川のほとりで発てんしたこと。

2 インダス川の下流。

3 こう水

4 水・土地 (順《じゅん》不《ふ》同《どう》)

5 ①最 ②発達 ③周辺

6 ①ウ ②イ

アドバイス 1 「いずれも、大きな川のほとりで発てんしました。」の「いずれも」が「中国《ちゅうごく》文明・エジプト文明・メソポタミア文明・インダス文明」の四つの古代文明を指していることをおさえます。四つの文明が、同じように「大きな川のほとりで発てんしたこと」を、問題文では「共《きょう》通《つう》している」と表しています。

26 インダス文明の都市モヘンジョ・ダロ② 65～66ページ

1 ㋐イ・ウ・オ ㋑ア・エ (それぞれ順《じゅん》不《ふ》同《どう》)

2 気候の変動

3 ①倉庫 ②共同 ③残

4 ①館 ②場 ③地

アドバイス 1 第三段落《だんらく》で「城《じょう》さい部《ぶ》」、第四段落《だんらく》で「市街地《しがいち》」について説明《せつめい》していることをおさえましょう。

27 二つの種族の争い 67〜68ページ

1 なぜ
2 ニ
3 イ
4 ①仲 ②関係 ③戦
5 ①もし ②なぜ

28 カのはりが作ったマイクロ注しゃばり① 71〜72ページ

1 皮ふ・いたみ
2 ㋐ホースのよう（なつくり）。
㋑約六十マイクロメートル。
3 ①覚 ②血管 ③散
4 ①チョウの口・ストロー
②ヒマワリ（の花）・太陽

アドバイス 4 「……のような〇〇」という言い方は、〇〇の様子が「……」とにていることを表す、たとえの言い方です。たとえの言い方を使うことで、相手に、よりはっきりと様子を伝《つた》えることができます。

29 カのはりが作ったマイクロ注しゃばり② 73〜74ページ

1 四十四マイクロ
2 ウ
3 2・1・3
4 ①結果 ②材料 ③固
5 ①けれども ②そこで

30 飛行機もキャッチする!? クモの糸① 75〜76ページ

1 ㋐強くしっかりしている。
㋑のびちぢみしやすく、べとべとしている。
2 一センチメートル・飛行機
3 ①信 ②巣 ③機
4 ①横 ②弱い ③細い

アドバイス 1 ㋐は、文章中からそのままぬき出したのでは「強くしっかりした」となってしまいます。それでもまちがいとはいえませんが、特《とく》ちょうの説明《せつめい》としては、答えのように「強くしっかりしている。」と、㋑と同じような書き方にできるとよいでしょう。

31 飛行機もキャッチする!? クモの糸② 77〜78ページ

1 タンパクしつ
2 土・（地球の）かんきょう
3 ①伝 ②的 ③最近
4 ①使い終える ②組み入れる

アドバイス 1 第二段落《だんらく》の第二文の「同じもの」が、直前の「このタンパクしつのい伝子《でんし》」を指していること、さらに「この」が「クモの糸」を指していることをおさえましょう。
4 ①「使う」が「使い」、②「組む」が「組み」と、形が変《か》わることに注意します。

32 へっぴり虫のふんしゃはロケットふんしゃと同じ？① 79～80ページ

1 くさい・百度

2 ヒドロキノン・ふんしゃ（ヒドロキノンに、「　」をつけていても正解《せいかい》）

3 ①別　②熱　③達

4 ①（　）（○）　②（○）（　）

アドバイス 4 ①「からです」は理由を、②「ほどです」はその様子の程《てい》度《ど》がどのくらいかを表す言い方です。

33 へっぴり虫のふんしゃはロケットふんしゃと同じ？② 81～82ページ

1 うちゅうロケットのエンジン。

2 イ・エ

3 ねんしょう室・温度

4 ①積　②飛　③必要

5 ①牛にゅうと食パン　②金魚にえさをやる

34 ハスの葉の仕組みを使ってよごれない服を作る？① 83～84ページ

1 はじく

2 ウ

3 ㋐ちょうはっ水　㋑（ハスの）葉の表面に、とても小さいでこぼこがあること（から生まれている）。

4 ①付　②季　③節

5 ①やすい　②にくい〈づらい〉

アドバイス 2 ア「すいすい」は空中や水中をかろやかに進む様子、イ「ぐるぐる」は、何度も回る様子を表す言葉です。

35 ハスの葉の仕組みを使ってよごれない服を作る？② 85～86ページ

1 イ

2 自分で自分をきれいにする

3 よごれにくく、水をはじきやすい服。

4 ①機　②面積　③利用

5 ①（　）（○）　②（　）（○）

アドバイス 1 「この出っぱりが」で始まる段落《だんらく》を注意深く読み、どのようなことを「ふせいでい」ると説《せつ》明《めい》しているかをとらえます。

36 自由気ままなしょうりゅう族 87～88ページ

1 きらきらとかがやくすがた。

2 例えば

3 ウ

4 ①例　②種　③争

5 ①気　②目

パズル①　アイテムをさがせ！

37〜38ページ

1

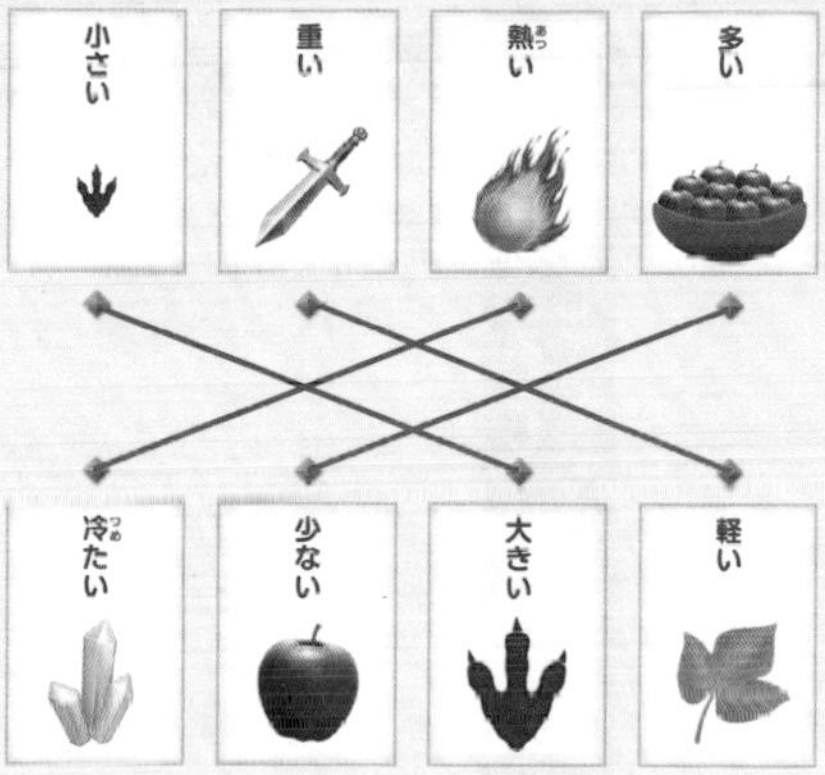

2

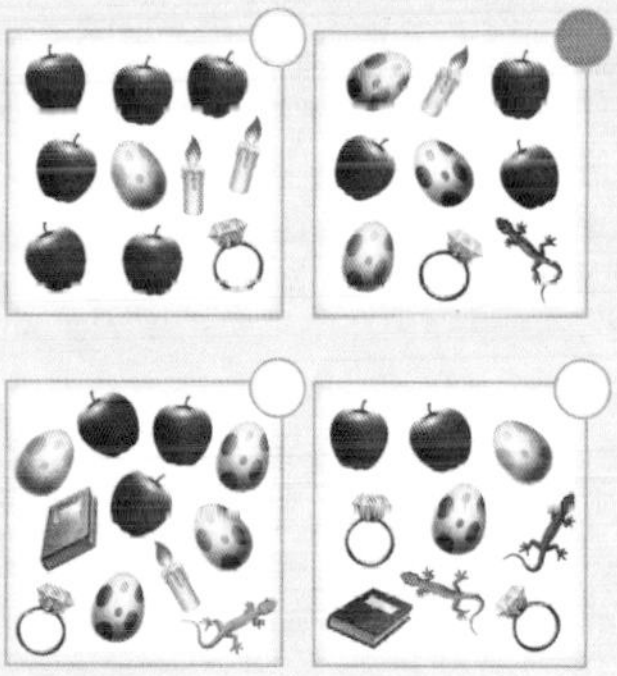

パズル②　ドラゴンが守るほう石

69〜70ページ

1

2

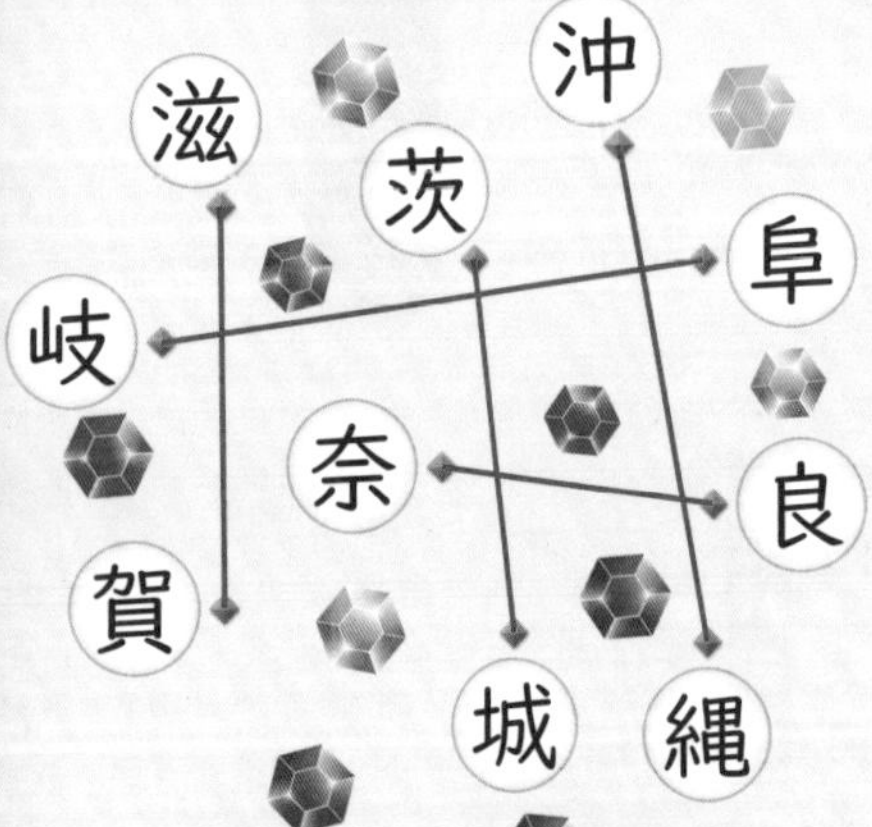